目次

作品1　ドラローシュ　『レディ・ジェーン・グレイの処刑』　6
作品2　ミレー　『免…　18
…ミランダ　…』　26
作…　…ナス』　38
作品…　…像』　60
作品7　…虐殺』　70

作品8　ヴェロッキオ
『キリストの洗礼』　84

作品9　ビアズリー
『サロメ』　94

作品10　ボッティチェリ
『ホロフェルネスの遺体発見』　106

作品11　ブレイク
『巨大なレッド・ドラゴンと日をまとう女』　116

作品12　フォンテーヌブロー派の逸名(いつめい)画家
『ガブリエル・デストレとその妹』　126

作品13　ルーベンス
『パリスの審判』　138

作品14　ドレイパー
『オデュッセウスとセイレーン』　150

作品15　カルパッチョ
『聖ゲオルギウスと竜』　162

作品16 レンブラント『テュルプ博士の解剖学実習』 172
作品17 ホガース『精神病院にて』 184
作品18 ファン・エイク『アルノルフィニ夫妻の肖像』 194
作品19 ハント『シャロットの乙女』 206
作品20 ベックリン『死の島』 216
作品21 メーヘレン『エマオの晩餐(ばんさん)』 226
作品22 ピカソ『泣く女』 238
解説 小池昌代 248

作品1

ドラローシュ

# 『レディ・ジェーン・グレイの処刑』

*1833*年　油彩　*246 × 297cm*
ロンドン・ナショナルギャラリー

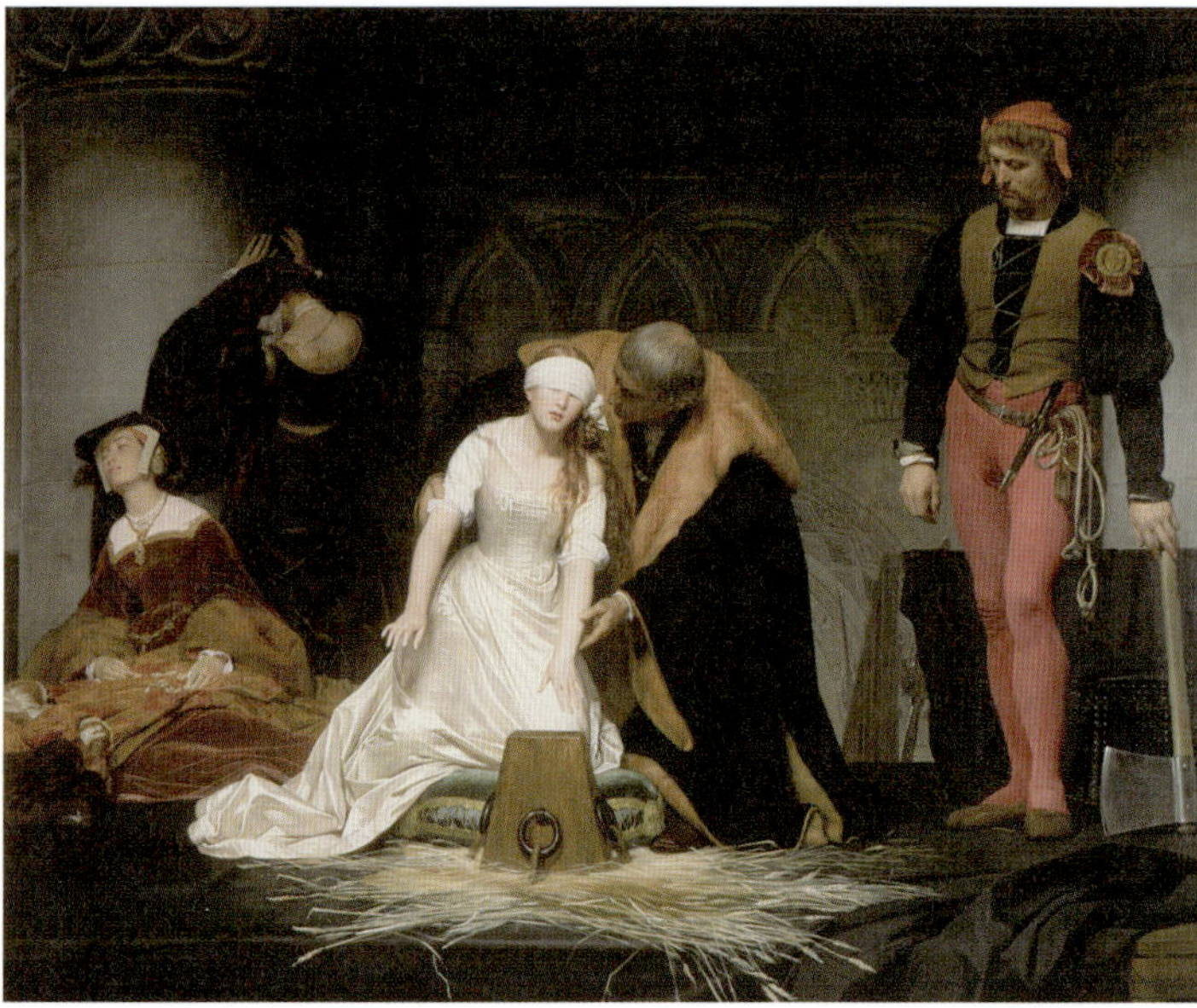

イングランド歴代女王といえば、メアリ一世、エリザベス一世、メアリ二世、アン、ヴィクトリア、エリザベス二世（現女王）の六人とされているが、正確にはもうひとりいる。メアリ一世より先に即位し、イングランド最初の女王を宣言したジェーン・グレイだ。ただし玉座に座ったのはわずか九日間。追われて半年後には処刑されてしまう。まだ十六歳と四ヵ月。花の盛りだった。シェークスピアの生まれるちょうど十年前、一五五四年のことである。

以来、ジェーン処刑シーンは数多く描かれてきたが、三百年後のロマン主義吹き荒れる中、フランス人画家ドラローシュが異国の歴史画として描いたこの絵が、一番の人気作となっている。ロンドン留学中の夏目漱石も魅了され、小説『倫敦塔（ろんどん）』に反映されたことは広く知られるとおり。

きわめて演劇的な、計算されつくした画面。

左に巨大な円柱があり、宮殿の一間とおぼしき場所で処刑が行なわれようとしている。その円柱にすがりつき、背中を見せて泣く侍女と、失神しかける侍女。後者の膝（ひざ）におかれたマントと宝石類は、直前までジェーンが身につけていたものだ。斬首（ざんしゅ）の際、邪魔になるので脱がねばならなかった。

若き元女王は真新しい結婚指輪だけを嵌め、サテンの艶やかな純白ドレスは花嫁衣装のようでもあり、自己の潔白を主張するかのようでもある。目隠しをされたため、首を置く台のありかがわからず手探りするのを、中年の司祭が包み込むように導こうとしている。台には鉄輪が嵌められており、動かないように鎖で床に固定されている。ジェーンの身分を考慮した房付きの豪華なクッションが足もとにあり、ここに腹這いとなって首を差し出すのだ。床には黒い布が敷かれ、その上に血を吸うための藁が撒いてあるのが、その先を想像させて胸を衝く。

右には赤い帽子、赤いホーズといった派手ななりの死刑執行人が立つ。大きな斧は刃が分厚く、日本刀の「斬る」というイメージと違って、いかにも「叩き潰す」という感じが伝わってきて恐ろしい。彼は腰にロープとナイフも用意している。ロープは手を縛るためのものとして、ナイフはいったい何のためだろう？　これも実は首の切断に必要だったのだ。

「人道的な」ギロチンが発明される以前の斬首には、はなはだ失敗が多かった。髪の毛で刃先が滑ったり（だからジェーンは髪を束ねてうなじを出している）、処刑人の腕が未熟だったり（一撃で終わらせるにはかなりの技量を要した）、精神集中がうまくゆかないこともある（衆人環視のもと、処刑人にかかるプレッシャーは相当のものだった）。

十七世紀後半のジャック・ケッチの例が有名で、彼は謀叛を企てたモンマス公爵の首を斬る際、弱腰のせいで一撃目は首に傷をつけただけだった。公爵はいったん身を起こし、ケッチを睨みつけたというから、よくよく力足らずだったのだろう。再び腹這いになった公爵の首めがけてケッチは二打、三打と振り下ろしたが、相手を苦しませるだけで絶命させられず、斧を放り投げて泣き出したという（泣きたいのは公爵の方だったろうに……）。見物していた群集に罵倒されたケッチは再び斧を取り、さらに二打を浴びせたがまだダメで、ついにナイフでごりごり首を削り落としたのだった。

ぞっとする話だが、何もケッチだけが特別に無能だったわけではなく、エリザベス一世の命で処刑されたエセックス伯の場合も似たりよったりだったし、首の細い女性なら大丈夫かと思えば、メアリー・スチュアートがいたずらに悶絶死させられたことは知る人ぞ知るである。そう考えると、いかにもなまくらそうな斧とともに、ナイフの存在も怖い。ナイフの出番がないことを祈るのみである。せめて女性は別のやり方で処刑すればいいのに、と思うのは現代人の感覚で、当時は斬首は高貴な死であり、絞首されるのは下々の者であった。

それにしても、この絵に描かれた処刑人には違和感を覚える。こんな仕事は気が進まないと言わんばかりに、憐れみの眼差しを前女王へ投げかけているわけだが、そんなことより一撃で終わりにするぞという気迫を示してくれた方がよほどありがたい。大仕事を前にしているというのに、この気の抜けたポーズは何なのか。腕のほどまで疑われるではないか（幸い実際のジェーンの斬首は、長引くことなく終了した由）。

全体に本作は、感傷に溺れすぎているのが難である。ふたりの男性の醸し出す憐憫の情だけで十分なのに、侍女たちのオーバーアクションが目立つ。演劇的道具立てと人物配置が拵えごとめいた雰囲気を漂わせているところへもってきて、彼女らが叫んだり呻いたりするものだから画面がやたらと騒がしい。へたな俳優が声張り上げ腕ふりまわし、そこへ大音量で弦楽器のすすり泣きを入れるようなもので、せっかくの作品の質を落としてしまった。せめてもっと後方の薄暗がりでひっそり歎いているか、いっそこのふたりを塗りつぶし、ジェーンのマントだけを脇に添えたらどうだったろう。

だが瑕疵が目立つにもかかわらず、この絵には一度見たら忘れがたい力がある。脇役はどうでも、主役の圧倒的存在感で成功する舞台のように、ジェーン・グレイの大きな魅力が全てを決している。残酷な運命を前に抵抗するでなく怯えるでなく、周りの悲嘆に耳をかさず、覚悟を決めて従容と死につこうとしているジェーン・グレイ、彼女のそのはかない一輪の白い花のような姿、散る直前の匂い立つ美しさが、見る者の胸を揺すり痛みを与える。

若々しく清楚な白い肌のこの少女は、一瞬後には血まみれの首なし死体となって、長々と横たわっているのだ。そこまで想像させて、この残酷な絵は美しく戦慄的である。

現実は、しかしさらに惨いものだった。

ジェーン・グレイは反逆者として裁かれたので、処刑は宮殿どころか屋内ですらなく、ロンドン塔の広場で公開で行なわれた。当時の王族貴族の斬首は、民衆にとって「熊いじめ」（杭につないだ熊に犬を数匹けしかける、流血の動物ショー）と同じくらい人気の見世物だったから、おおぜいがつめかけ残酷を楽しんだ。胴から離されたジェーンの首は、処刑人に髪をむんずと摑まれ、みんなによく見えるよう高々と掲げられたし、遺体はその場に四時間も放置されたままだった。

いったい彼女はなぜ死刑になったのだろう？　どんな責任があったのか？

火種はあの強面のヘンリー八世（『怖い絵』参照）にまで遡る。ジェーン・グレイはヘンリー八世の妹の孫なのだ。彼の血を引いて生まれたところに、ジェーンの厄災は始まっていた。

八世が後継者の男児ほしさに、次々妃を殺したり離縁したりしたことは上述書に詳しく書いた。けっきょく願いかなって三人目の妻ジェーン・シーモアとの間に男児（後のエドワード六世）をもうけたのだが、そこで問題となったのは、最初の妻との間に生まれたメアリと、二度目の妻アン・ブーリンとの間に生まれたエリザベスの扱いである。八世は規則破りの結婚を重ねたため、いっときとはいえ、このふたりの娘を庶子、つまり王位につく権利のない子どもと見なしたことがある（ここに陰謀家のつけ入る隙があった）。

最終的には八世はふたりの娘にも王位継承権を与え、遺言を残してあの世へ旅立つ。それによれば継承順位は、一位エドワード、二位メアリ、三位エリザベス、四位ジェーン・グレイとなっていた。エドワードが長生きして息子を成していれば問題は生じなかったのだが、病弱で長くは持たないのは誰の目にも明らかだったので、早い時期からクーデターは準備されていた。誰によって？——ジェーン・グレイの舅によってだ。

権力志向の舅ジョン・ダドリーは、ジェーンが幼いころから後見人として名乗り出て、最終的には自分の四男ギルフォードと結婚させた。エドワード亡きあとジェーンを即位させ、メアリとエリザベスは庶子のため権利がないとして抹殺し、全てを自分で牛耳るつもりだったのだ。エドワードが十五歳で早世するや、計画は実行され、ジェーンの王位が宣言された。

ことここに至るまで、ジェーンは何も知らされていなかったので、ただただ驚愕するばかりだったといわれている。それが本当なら、彼女の責められるべきところは、そこだろう。自分の身分への警戒心が、あまりになさすぎた。その点、父（ヘンリー八世）に母（アン・ブーリン）を殺され、その後も辛い思いを幾度も味わい、命の危機もくぐり抜けてきたエリザベス（後のエリザベス一世）は、王位継承順位が低いにもかかわらず万が一の用心を怠らなかったし、苦労ゆえの人間観察も身につけていた。両親がそろい、ぬるま湯的プリンセス生活を送ってきたジェーンとは好対照である。

ダドリーの陰謀が失敗した最大原因だが、それはメアリを逮捕できなかったことに尽きる（メアリも苦労人だったから、風のように逃走した）。メアリとエリザベスを亡き者にさえしていれば、ジェーンの女王の座は——単なる傀儡といえども——かなり長く保った可能性がある。しかし逃げたメアリは民衆の人気を後ろ楯にたちまち反撃、九日後にはダドリー一族を一網打尽にして王位についた。

ところでメアリ女王だが、このころの人気は春の淡雪のようにたちまち消えて、「ブラッディ・メリー（血まみれメリー）」とあだ名され憎まれるようになる。また、ジェーンの夫ギルフォードは処刑されたが、弟のロバート・ダドリーだけはまだ若くて何も知らなかったとして赦される。このロバートが、後にエリザベス一世の恋人として名高い「わたしのお目々ちゃん」になるのだから、歴史は面白い。

さて、首謀者ダドリーの首は即時飛ばされた。だが血縁であるジェーンの処遇についてはメアリ一世にも迷いがあったので、ロンドン塔に幽閉だけして放っておいた。この時点では命だけは救うつもりだったらしい。ところがメアリがカトリック国スペインのフェリペ二世との結婚を決めたとき、それに反撥したプロテスタントたちが反乱を起こし、あろうことかその首謀者に、今度はジェーンの実父グレイが関与していたから致命的だ。ジェーンの命運はここに尽きる。彼女はふたりの父に殺されたと言っていいだろう。

死刑直前、ジェーンはカトリックに改宗するなら命を助けてやってもいいとの申し出を受けるが断った。たとえ今の嵐をやり過ごしたとしても、いつなんどき誰かがまた自分を担ぎ出そうとして反乱を起こすやも知れず、そうでなくとも一生ロンドン塔に閉じ込められたきりなら、先にみまかった夫のもとへ早く行きたいと考えた、といわれている。

いずれにせよ、字義どおり血で血を洗う政争の時代に、強烈な意志と力で突き進むだけのエネルギーの持ち主——エリザベスのような——でない限り、生きのびることはできない。ジェーンがこの絵のとおりのたおやかな女性だったとしたら、なおさらそれは困難であったに違いない。しかしまたジェーンがこの絵のとおりに、取り乱すこともなく決然と首を差しのべたのだとしたら、あと数年生き永らえさえすれば、真の女王として君臨できた可能性も否定できない。

ポール・ドラローシュ（一七九七〜一八五六）の生きた時代、フランスは一種のイギリス崇拝熱にうかされており、彼もイギリス史を題材にいくつも作品（『チャールズ一世の棺の前のクロムウェル』『エリザベス一世の死』『エドワードの息子たち』etc.）を発表している。生前は大きな人気を博したドラローシュだが、今では同時代人ドラクロワの陰に隠れてしまった。

作品2

# ミレー

# 『晩鐘』

*1859*年　油彩　*55 × 66cm*
オルセー美術館

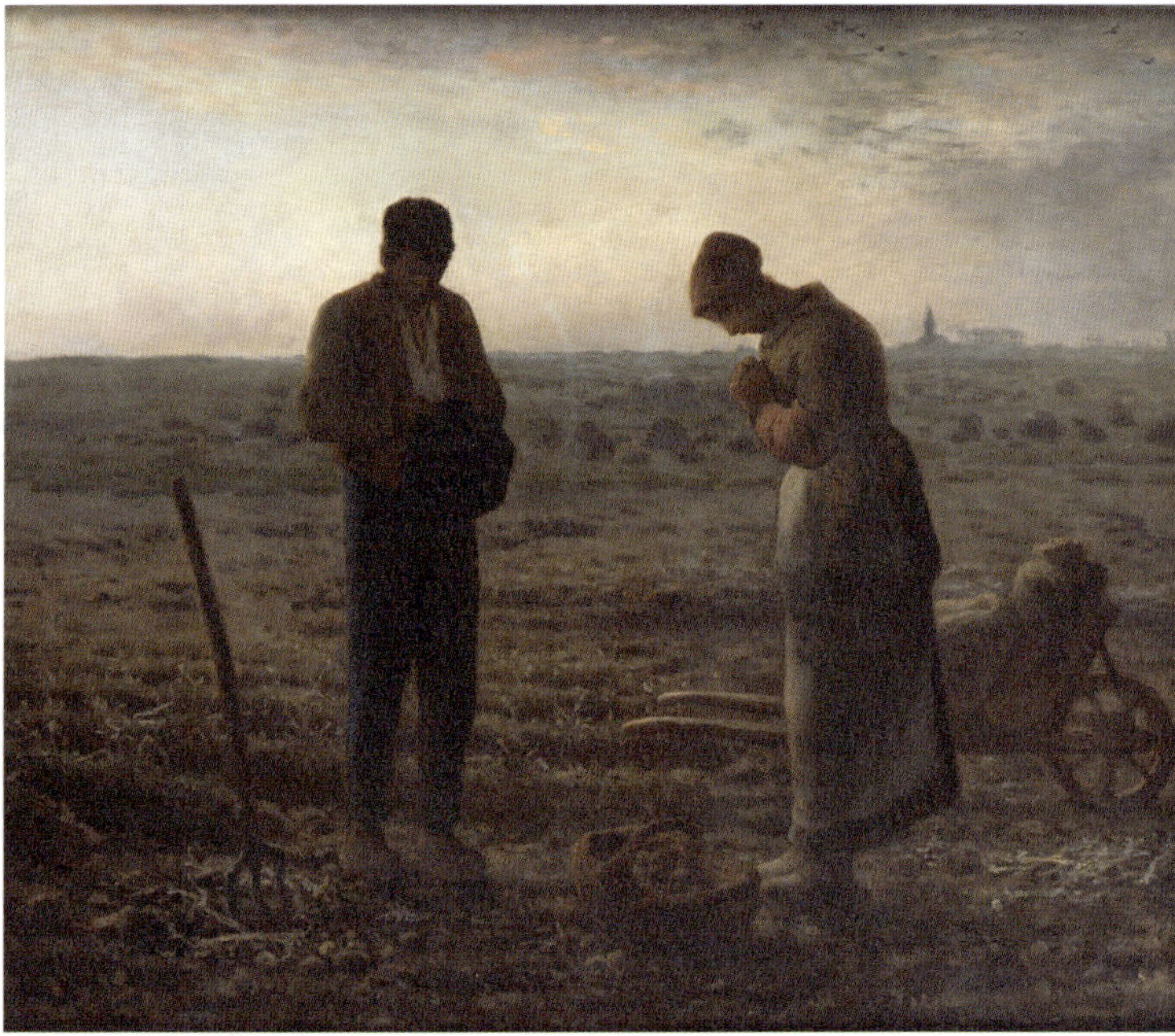

「恐怖」は烈しい情動反応であって、基本的には「死」「闇」「未知」「喪失」「苦痛」「狂気」などに対し、誰もがひとしなみに感ずるものだが、それとは別に、選れて個人的な恐怖も存在する。他人には全く理解不能な、その人だけの恐怖、稀には本人さえ理由のはっきりわからない、それだけにいっそう逃れようのない底なしの恐怖が――

しかしまさかこの『晩鐘』、ミレーの描いた敬虔で宗教的な作品に、怖さを覚えるなどということがありえるのだろうか？


『晩鐘』の原題は『アンジェラスの鐘』という。

ここはパリから南に五十キロほど下った、小さな村バルビゾン。遠くに見えるシャイイ教会が日に三度、朝昼晩とアンジェラスの鐘の音を響かせ、人々に時を告げるとともに祈りを促す。夕闇迫る今この時は、一日の終わり、つまり過酷な戸外労働の終わりを意味し、若い夫婦は首を垂れて祈ったあと家路につくであろう。画面右上の、ねぐらに帰る鳥たちと同じように。

背景の明るさと対照的に、ふたりの立つ前景は暗い。陽の当たる背景には積み藁の名残が見られ、豊かな麦畑であることが示されるが、影の濃い前景の土地は痩せ、夫婦のわずかな収穫はジャガイモである。ミレーのもうひとつの傑作『落穂拾い』と同じく、「富む背景、貧窮の前景」が示されている。ジャガイモはパンを食べられない貧民の主食だった。だから手押し車に載せた袋には商品用のそれ、足もとの手籠（てかご）には自分たち用のそれと、分けて入れてある。

両手を合わせた妻と帽子を持つ夫の祈りのつぶやき、澄みわたる鐘の音、そして遠く鳥の鳴き声と、農村の夕暮れに満ちるさまざまな音さえも聞こえてくるような画面だ。ふたりの人間が向き合って立っているだけの単純な構図の中に、農民の人生（ひいてはその運命）、日々の労働（ひいてはその崇高（すうこう）さ）、また貧しいながらも愛し合い信頼し合う夫婦の美しさが、みごとに捉（とら）えられている。

ジャン・フランソワ・ミレー（一八一四～七五）は、北フランスの中農出身で、本来は家を継ぐべきだったが画家になりたくてパリへ出た。当時の人気画家ドラローシュ（作品1『レディ・ジェーン・グレイの処刑』）に師事し、ロココ風の作品でサロン入選を果たすかと思えば、師匠を真似て歴史画にチャレンジし、失敗するなど紆余曲折（うよきょくせつ）の末、けっきょく都会とは肌が合わないのを見極め、三十代半ばで家族とバルビゾンへ移住した。

後に「農民画家」と呼ばれるようになるのは、ここで暮らすうち自分の描くべき対象をはっきり見つけて以来である。現代でこそミレー作品は「名もなく貧しく美しく」生きる人々への素直な讃歌（さんか）として愛好されているが、発表当時はパリ二月革命後の社会主義思想への危機感もあって、芸術というよりプロパガンダ絵画と見なす人も多かった。

そうした賛否両論の渦には、片やゴッホが、片やボードレールがいる。ゴッホはミレーを神聖視し、ミレーの複製画を二十作も手に入れてせっせと模写し、自己流『種撒く人』も数点描いている。ゴッホにとって彼は画家としてばかりでなく、生きる上での師とも仰ぐ相手だった。貧しさに喘ぎながらも決して妥協せず、芸術に邁進した偉大な手本こそがミレーだった。

一方、ボードレールの貴族趣味的美意識には、現実をリアルに抽出した農民画は合わなくて当然だ。彼は、ミレーの画中の人物たちが「この世の富を奪われた哀れな我々こそが、この世を富ませているのだ！」と常に主張しているようで嫌だ、と公言している。

時代は進み、十九世紀末には、ミレーは美術史に確たる位置を占めるようになった。『晩鐘』も名画として世界中に複製がばらまかれ、一九〇四年スペイン生まれのサルバトール・ダリの生家にも、このレプリカが飾られていた。ダリは幼いころからそれを目にしていたが、月日が経つにつれてそのイメージは彼の頭の中で増幅されてゆき、ついには画中の男と自己同一化するに至る。そして……男の感じている恍惚への期待と死の恐怖を味わった、というのだ！

恍惚への期待？　死の恐怖？　いったい何のことやらさっぱりわからない、というのがふつうの感覚ではないか。ダリの断片的草稿による『ミレー《晩鐘》の悲劇的神話』（未統一）をもとに、見てゆこう。

発表に終わった論文を集めたもので、さまざまな時期にさまざまな主張をしているため不統一）をもとに、見てゆこう。

まずダリは、女の足もとに置かれた手籠を不自然と感じる（そう言われればそんな気がしないでもない）。最初は籠ではなく、小さな——おそらく彼らの子どもを入れた——棺を描いたのではないか。つまりこれは一日の終わりを感謝する祈りではなく、亡き子を土に埋めた後、母は祈り、父は泣いている情景だった。ところが誰かに忠告されたか、ミレー本人の気が変わったかして、最終的にこのような形に変更したのではないか、と。

確かにアンジェラス（＝エンジェル）の祈りには、「聖母マリアさま、罪あるわたしたちのため、今も、臨終の時も、どうぞお守りください」との言葉がある。またミレー自身、友人への手紙にこう書いている、かつて信心深い祖母から、アンジェラスの鐘の音が聞こえるたび仕事を中断させられ、「死者たちのために祈りなさい」と言われた、それを思い出しながらこの絵を描いたのだ、と。

著名なダリの説を裏付けるべく、さっそく美術館がエックス線をかけてみた。結果は微妙である。籠が描かれている部分の下には黒い壺のような影が見えないことはないが、それを棺と断定できるかといえば難しい。いちおうこの説は否定された（むしろ今なおペンディング状態というべきかもしれないが）。

しかしその程度で、奇行のシュルレアリスト、ダリが、怯むはずもない。自ら「パラノイア的」と言いつつ、さらに『晩鐘』論を進めてゆく。曰く——

女のこの姿勢は、「拝み虫」の別名を持つカマキリが攻撃直前のものと同じである。彼女は仮面をかぶり（事実、そう見えるから驚きだ！）、男に飛びかかろうとしている。男は彼女の息子で、母の抗しがたい魅力に半ば死んだような状態（どっしりして実在感満点の女に対し、痩せぎすの男の下半身のぺらぺら感に改めて気づかされる）になっている。彼はこれから起こることを予期し、エロティックな期待で恍惚となり、すでに勃起しているため帽子で前を隠している。同時にまた彼は、雌カマキリが交尾のあと雄カマキリを頭からがりがり喰い尽すことも知っているので、恐怖に身をすくませてもいる……。

カマキリ女と、それに喰われそうになっている息子！

なぜダリがこんなイメージを『晩鐘』に持ってしまったかといえば、かつて母親と近親姦を行なったせい、あるいは行なったと擬似記憶しているせいだという（本人が言っているのだ）

近親姦の（擬似）記憶がこの絵にどうして結びつくのか、あまり明快な説明とは思えない。そもそもダリは肝心の核となる部分をぼかし、周縁部のみ過剰に詳しく語るので、無意識に読み手をミスリーディングして真実を隠そうとしていると疑えるほどだ。あるいは自己顕示欲の肥大と奇行で有名なダリのことだから、全てが空想の産物にすぎないのかもしれない。

しかし彼が長年にわたって『晩鐘』に固執し、これをモチーフに山ほど作品を産み出し、それらの作品には見間違えようなく恐怖が織り込まれているという事実を見れば、やはり強い情動反応を惹き起こす何かが——たとえ万人と共有できるものではないにせよ——この絵にはあったに違いない。先端恐怖症の人間が、先の尖った釘や傘の先といったほんとうに危険なものから始まって、しまいには削ってもいない鉛筆や机の角にまで過剰反応するのに譬えられようか。砂漠に佇む骸骨としての『晩鐘』や、天にとどくばかりの巨大な遺跡としての『晩鐘』など、おそらくダリにしか思いつかない突飛なイメージがそれだ。

ダリはまた、『晩鐘』における土に突き刺さった鋤や手押し車も、明らかな性的表象だと主張している。ミレーのような宗教性の高い清貧の画家に対し、何たる侮辱かと呆れるべきであろうか？

いや、存外、「ミレーは十九世紀におけるもっとも矛盾した画家のひとり」というダリの言葉は正しいのかもしれない。あまり知られていないが、ミレーは農民画家になる以前、「女性の裸しか描かない画家」と見なされていた。それもエロティックな、時にポルノそのものの絵を描いていた（バルビゾンへ移住した後もまだ描いていたといわれる）。売れないと知りつつ農民の真実の姿だけを描き続けた、というのはゴッホの（いや、多くの人々の）誤解である。自ら農地を耕していたというに至っては、先入観からくる思い込みだ（妻が家庭菜園をしていただけ）。貧窮していたというが、それも九人もいた子どもが小さいころまでの話で、死ぬまで赤貧洗うが如しだったゴッホとは違う。四十代後半からは画商と高額で三年契約をしたり、浮世絵の収集をしたり、レジオン・ドヌール章を受賞したりもしている。

ゴッホといいダリといい、どこか異常性を秘めた画家の心をかき乱す何かが、ミレーの静謐な画面に埋もれているのだろうか？　その意味からもミレー像の修正が必要であろう。

ミレーはほんとうに怖い絵も描いている。『死と樵』だ。

情け容赦なく大鎌をふるう死神とその犠牲者の姿は、何世紀にもわたって連綿と描き続けられてきたが、ミレーの本作の怖さはまた格別である。なぜなら彼の死神は、これと定めた相手のもとへ現れたのではなく、たまたま木を束ねている樵のそばを通りすがっただけのように見えるからだ。

ちょうど一仕事終え――それこそ鎌をふるっておおぜいを殺してきた帰り――、偶然行きあった樵を見て気まぐれを起こし、行きがけの駄賃といわんばかりに、あの世へ連れ去ろうとしている。その、ひょいという気軽で気楽な感じが怖い……。

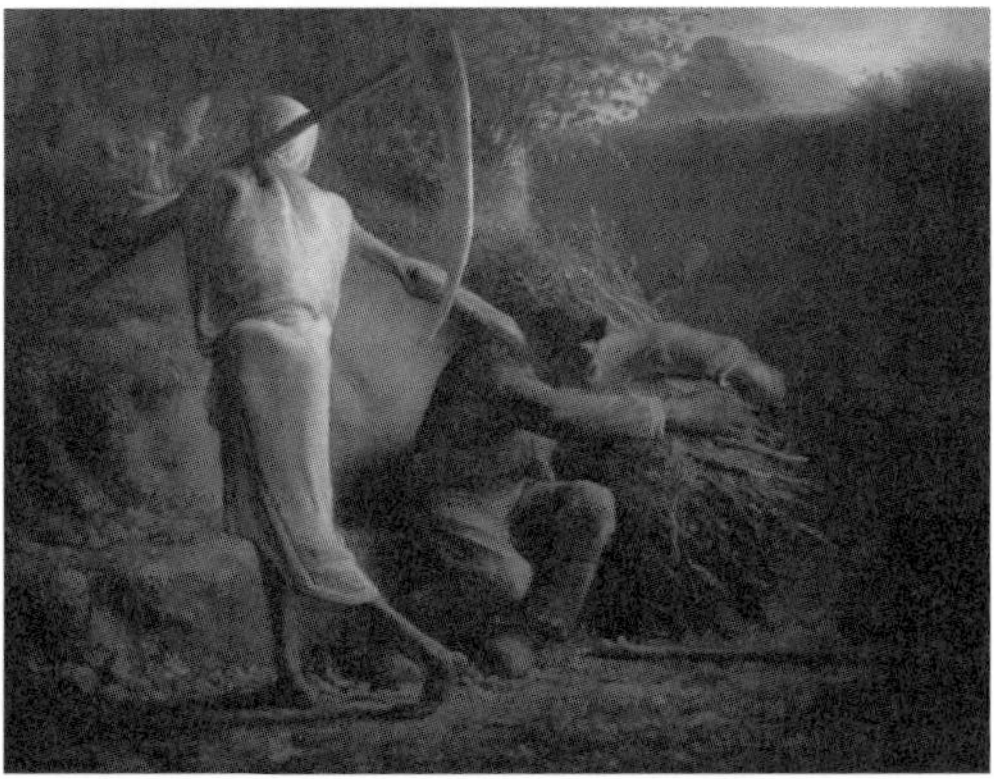

ミレー『死と樵』*1859*年

作品3

カレーニョ・デ・ミランダ

# 『カルロス二世』

*1675*年頃　油彩　*201 × 141cm*
プラド美術館

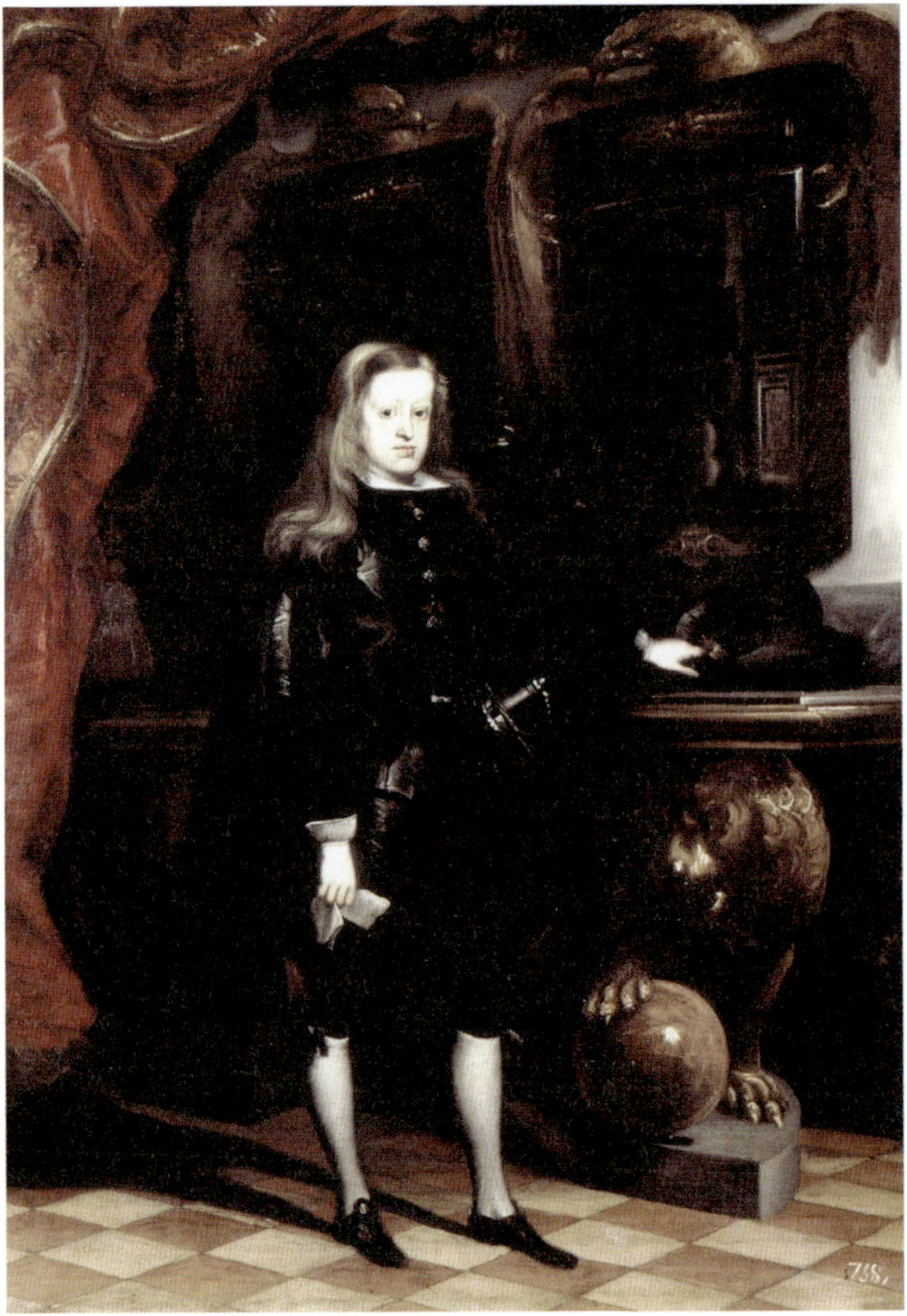
758

この肖像画を見て、反射的に思い出す詩がある。萩原朔太郎の「猫」。

まつくろけの猫が二疋(ひき)、
なやましいよるの家根のうへで、
ぴんとたてた尻尾(しつぽ)のさきから、
糸のやうなみかづきがかすんでゐる。
『おわあ、こんばんは』
『おわあ、こんばんは』
『おぎやあ、おぎやあ、おぎやあ』
『おわああ、ここの家の主人は病気です』

——ここの家の主人、スペイン・ハプスブルク家の若き当主カルロス二世は病気である。いかに画家が筆先で美化しようとも、それは誰の目にも明らかだ。人々は噂していた、王は呪いをかけられたのだ、と。

はたしてそうなのか?

スペイン王家にオーストリアの血が流入したのは、十六世紀初頭、王女フアナが（後に「狂女王フアナ」と呼ばれるようになる）、ハプスブルク皇帝の息子フィリップと結婚し、世継ぎを産んで以来だ。この息子が、神聖ローマ皇帝カール五世とスペイン王カルロス一世を兼ねることとなった。彼は生涯を戦(いくさ)に明け暮れ、その代わりスペインを「陽の沈むことなき世界帝国」へと押し上げる。

カルロス一世の退位後、ハプスブルク家はオーストリア・ハプスブルクとスペイン・ハプスブルクに二分されたが、幸いにして息子フェリペ二世（いとこ婚による）の出来が良かったため、スペインは空前の繁栄を誇ることができた（フェリペ二世はとにかく働き者だったから、スペイン語で「フェリペ二世のように働く」という言いまわしがあるほどだ）。

ただし後継者問題に悩まねばならなかった。死別や離別で四度も結婚したフェリペ二世は、最後に実妹の娘である姪(めい)と結婚してようやく跡継ぎの男児（後のフェリペ三世）を授かる。ここから王家は異様に血を濃くしてゆくわけで、系図を見ると錯綜(さくそう)する婚姻線に絶句する他ない。そもそも妻となったこの姪自体、両親がいとこ婚によって産んだ娘なのだ。

フェリペ三世（カルロス二世の祖父にあたる）も新しい血を入れることなく、いとこの娘と結婚する。その息子フェリペ四世はというと、最初はブルボン家の、アンリ四世の娘を妻にした。これで無事世継ぎができれば問題は少なかったと思われるが、次々八人の子が生まれたのに、次々死んで、けっきょく女児ひとりしか残らなかった（この娘は後に太陽王ルイ十四世へ嫁ぐ）。しかも王妃は分娩がもとで命を落とした。

万事休す。四十五歳になっていたフェリペ四世は焦った。男児がいない。再婚しなくては！　しかしヨーロッパ中見まわしても、ちょうどいい相手はいない。あたらスペインが大国であるばかりに、プリンセスなら誰でもいいというわけにゆかず、格下すぎる王室や非カトリック国とは姻戚関係を結べないという事情がある。しかも陽の沈まないはずだった帝国の財政は、凡庸だった父三世、そして「無能王」とあだ名される自分のせいで（本人は否定するだろうが）悪化の一途だったから、分割しなくてすむよう、やはり血筋で固めるべきかもしれない。というわけで、彼は祖父フェリペ二世と同じ選択をする。実妹の娘と結婚したのだ。

初代カルロス一世＋いとこ──→二代目フェリペ二世＋姪（いとこ婚した実妹の娘）──→三代目フェリペ三世＋いとこの娘──→四代目フェリペ四世＋姪（実妹の娘）と、今に生きる我々におぞけをふるわせる四連続である。五代目がどうなるかといえば、ふつうなら七代さかのぼると百三十人近くいるはずの先祖の数が、わずか三十二人。母の母、つまり祖母にあたる女性は、祖母であると同時に叔母でもあるという、きつい血縁のもつれに首を巻かれるはめになる。

そんなことにはさほど頓着しないまま、四十五歳の叔父フェリペ四世と姪十五歳は王家の仕事――子作りに励んだ。たて続けに四人生まれた。だが衰え果てた血は生命力薄く、女児マルガリータを残して他は夭折してしまう。もはや男児は望めないと観念した王は、いっときマルガリータを後継にと考えもした（ちなみにこの王女の成長の記録ともいうべき多くの肖像画が〔次章『ラス・メニーナス』を含む〕、ベラスケスによって描かれている）。

すると奇蹟が起こった。マルガリータ十歳のとき、思いもかけず五人目の子、それも弟が生まれたのだ。フェリペ四世は五十六歳、当時としては老年であり、本人はおろか宮廷も国民も諦めきっていただけに、世継ぎ誕生の喜びはひとしおであった。ついに待望の男児だ。スペイン・ハプスブルク家はこれからも安泰だ。よかった、よかった。国を挙げての祝宴は、しかし長くは続かない。奇蹟の子はたちまち「呪いをかけられた子」と、陰でささやかれるようになる。

父親は激しく落胆した。三つになってもまだ乳を飲み、立つことすらできず、心身ともに脆弱で知能も低く、見た目もひどく悪い我が子を恥じ、なるべく人の目に触れぬよう配慮し、どうしても人前に出すときにはベールをかぶせたことすらあった。そしてひたすら呪いを解こうと、子どもの周りには乳母の他におおぜいの医者、占星術師、祈禱師を侍らせた。祈禱の効果はずいぶんあったといえるだろう。今にも死ぬかと思われながらその都度どうにか持ち直し、誰ひとり想像もしていなかった、三十九歳まで生きのびることができたのだから。

だがそれはまだ先の話だ。フェリペ四世は息子の将来、自国の未来を憂えつつ、六十歳で世を去った。自動的に四歳のこの子がカルロス二世として即位、母親が摂政となる。いや、正確には暗愚の大臣たちが国の舵取りをした。母は政治に無関心、息子はそもそも十歳になっても読み書きすらできなかったのだから。

このころベラスケスはすでにいない。彼に匹敵するスペインの巨匠は一世紀後のゴヤを待たねばならないが、カレーニョ・デ・ミランダ（一六一四〜八五）も宮廷画家としてすばらしい仕事をしている。

十三、四歳のカルロス二世を描いたこの肖像画には、明らかに先代のベラスケス様式が見てとれる。ただしベラスケスは対象をことさら粉飾はしなかったが、カレーニョの方には宮廷風の慇懃な理想化がある。とりわけ本作がそうだという証拠には、他の画家たち（この時期、宮廷画家は十五人もいた）によるいくつもの肖像やスケッチ、また同時代人がカルロス二世の外見について書いた文献が挙げられる。宮廷肖像画の宿命として、二、三割アップは目をつぶる範囲内であろうが、どうやらこの絵はそれをはるかに超えたものだったらしい。

とはいえ、少年王がハプスブルク家代々の特徴を受け継いでいることは、控え目ながらも表現されている。父も祖父も曾祖父も高祖父も持っていた、突き出た下顎と分厚い下唇（マリー・アントワネットの受け口にも微かに継承されている）がそれだ。その上カルロス二世は細い弓なりの顔、長く垂れた鼻、全く嚙み合わない歯（終始、よだれを流していたという）、ほとんど太陽光を浴びなかったせいで病的に蒼白い肌――たとえ唇に紅をさしても、幽鬼の如く暗がりにぼうっと白く浮かび上がるその姿に、言いしれぬ戦慄を覚えない者はいないだろう。髪だけが若々しい美しさに波打っている。

ここはマドリッドにある王宮内「鏡の間」。灼熱の戸外とは無縁に、ひんやり薄暗い。金縁の赤い緞帳が舞台美術よろしくたくしあげられた中に、すばらしく仕立ての良い黒ビロードの衣装に身を包んだ若きスペイン国王が立つ。胸には金羊毛騎士団の勲章をぶら下げ、腰には剣を差し、左手には帽子、右手には王たることを示す勅令の紙片を持って、こちらへ眼を投げかけてくる。黒いだけの、無感情無感動の魚の眼を。

壁には、ハプスブルク家紋章である双頭の鷲の翼に飾られた大きなふたつの鏡。その鏡に映し出されているのは、反対側の壁にずらりと並ぶ絵画の数々――美術愛好家だったフェリペ二世と四世が卓越した審美眼で選び抜いた、ティツィアーノやルーベンスなど至宝の名画群だ。

少年王は成長が遅く、年齢よりずっと小柄な上に片足を引きずって歩いていたというが、画家はそんな現実を覆い隠し、威厳ある中にもリラックスしたポーズを描いている。脚も安定して健康だ。ところが……この影はどうだろう？　テーブル下のライオン像が形作る自然な影に比べ、カルロス二世の足もとからすうっと伸びて存在を主張するこの影は、どことなく薄気味悪い。カーブの仕方、極端な先細りが連想させるからかもしれない、悪魔が持つという獣の脚を——。

カレーニョ・デ・ミランダの隠蔽工作は、成功したとは言いがたい。カルロス二世像は、血族結婚くり返しの果ての悲劇を自ずから語っている。王権神授説を無条件に信じる王族たちは、自分たちを神に選ばれた特別な人間とみなし、下々の者の血で穢されてはならじと、身内の狭いサークルだけで婚姻をくり返して、ついには自らの汚物の堆積で流れを止めたドブ川のように行き詰まってしまった。そのなれの果てがこれなのだ。この少年に何の罪もないのは確かだが、しかし彼はひとりその咎を引き受けねばならなかった。彼は祈禱師たちを頼り、自分は何かに呪われていると信じ込んでいたが、ある意味それは正しかった。最新の研究によれば、カルロス二世の「近交係数」は〇．二五四という恐るべき数値だという。他人同士の間に生まれた子の近交係数は〇であり、親子きょうだい婚の場合でさえ〇．二五なので、それよりも高かったのだから、病まないでいられるわけがない。

スペイン宮廷は、血族結婚による弊害に全く気づいていなかったのだろうか？　遺伝病についての知識がそれほどまでに欠如していたのだろうか？　そんなことはない。薄々感じていながら、それでもなお、新しい下賤の血よりは古い高貴の「青い血」の方を選んだのだ。純血を守ろうとしたのだ。

カルロス二世は呪われた肖像画を残すために、生まれてきたのかもしれない。

宮廷には、大使という名の各国のスパイが暗躍していた。スペインにどんな跡継ぎが生まれたかはヨーロッパの勢力地図を塗りかえる重大事なので、彼らがせっせと自国へ虚偽おりまぜての情報を流すのは当然である。

曰く、王を見ると誰もが奇妙に不安な気持ちになる、どんな教育も無理、会話は困難、子作りは不可能、祈禱師たちがそばにいないことがない、異端審問の拷問を見て興奮している、年々精神状態がおかしくなり、とうとう前妻の墓をあばいたらしい……。

前妻？　こんな状態で彼は結婚したのか？

もちろんだ。政治の冷酷な手は、犠牲者を増やすのに何のためらいも見せはしない。十八歳のカルロスのもとへ、ルイ十四世の弟の娘が十七歳で嫁がせられた。肖像画である程度覚悟をつけて来ただろうが、実物と対面して絶望したのではないか。新妻はやがてストレスから過食に走り、異常に肥満し、最後は鬱状態に陥って、十年後——おそらく処女のまま——亡くなった。

なおまだ血を残すための努力が傾けられる。多産の家系プファルツ選帝侯（ドイツ圏）

の娘なら、子どもを産んでくれるかもしれない。前妻の死の翌年、人身御供(ひとみごくう)のように二十三歳の花嫁が冷えたベッドへ入るが、聖母マリアならぬ身でどうして子どもなど産めようか。

こうして「スペイン・ハプスブルク家断絶近し」の報が、四方八方、矢のごとく飛んでゆく。列強、とりわけフランスとオーストリアは、禿鷹(はげたか)のようにカルロスの死をじりじりして待った。スペインは盛時の面影なしといえども、未(いま)だおいしい獲物には違いない。抜け駆けされないよう、水面下での攻防も続いた。いずれ継承戦争が勃発(ぼっぱつ)するのは必然だ。

一七〇〇年、三十九歳の誕生日直前、五代目当主はついにみまかった。「生まれたときから死に瀕(ひん)していた」と言われていたわりには長い年月だったが、それは百八十五年続いたスペイン・ハプスブルク家最後の、血の一粘(ひとねば)りだったのだろう。

作品4

ベラスケス

# 『ラス・メニーナス』

*1656*年　油彩　*318 × 276cm*
プラド美術館

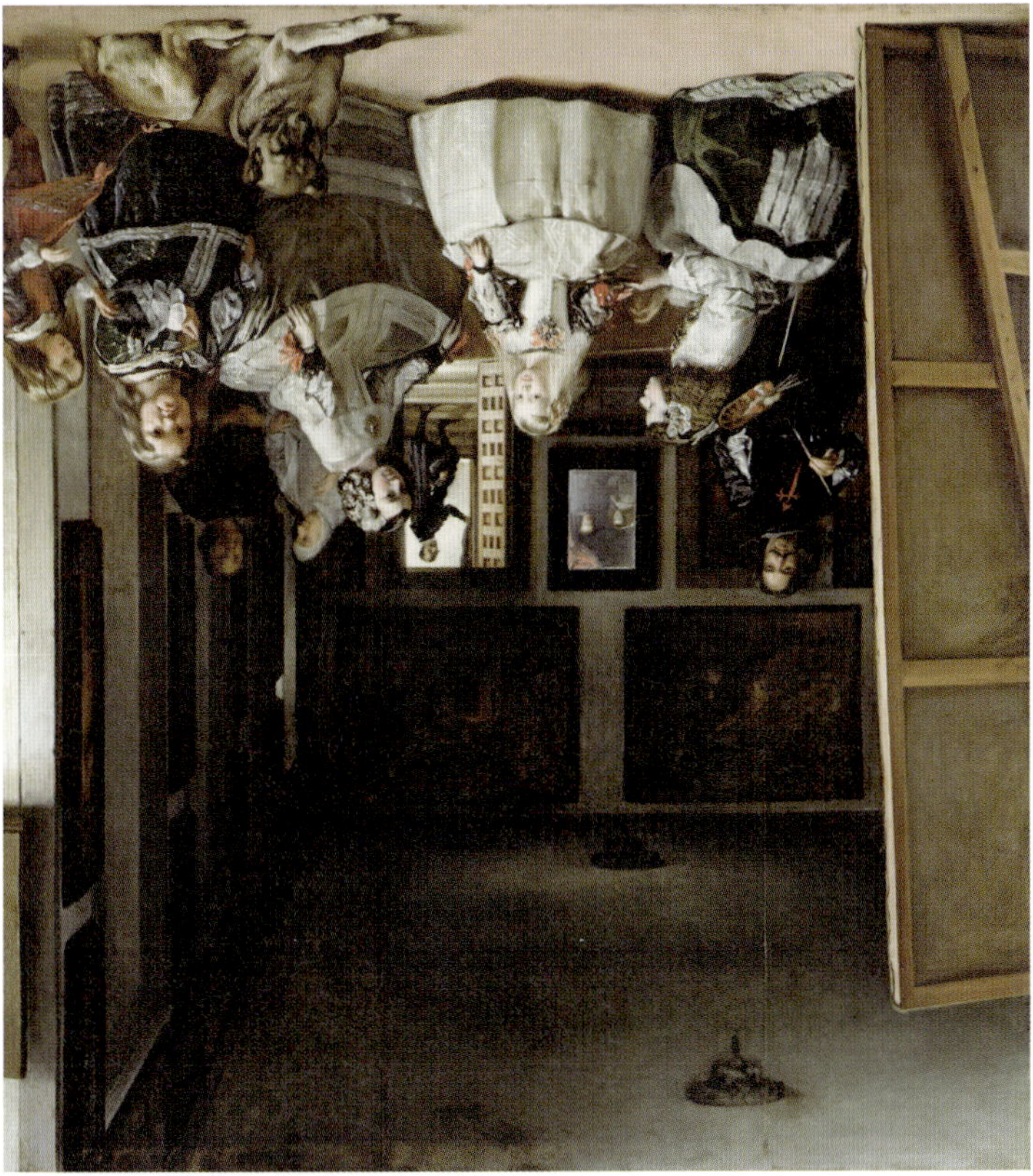

名画中の名画『ラス・メニーナス（宮廷の侍女たち）』だが、このタイトルで通るようになったのは十九世紀以降のことで、絵が描かれた十七世紀当時の作品目録には、『家族の肖像』あるいは『王の家族』と記載されていた。宮廷に住む者たちは画家も侍女も道化も、みな一種の「家族」と――実態はどうあれ――考えられていたのだろう。

――画面はまるでオペラ舞台のようだ。高さと奥行きのある巨大な空間が、暗いばかりの上半分と光の当たる下半分に分けられている。上は何の愛想もない天井、幾枚もの絵画（正面の二枚はどうやらルーベンスとヨルダーンスの模写らしい）の掛かった三つの壁。ドラマは下半分で進行する。登場人物は九人。彼らの名前や身分は突きとめられたが、何を演じているかについては諸説ある。

ここ、王宮内「皇太子の間」は、王の信頼あつい宮廷画家ベラスケスのアトリエとして使われていた。裏側を見せる大キャンバスの向こうで、パレットと絵筆を持ち、深深とした眼をこちらへ投げかけてくるのがそのベラスケス本人だ。もちろん彼は脇役にすぎず、主役としてスポットライトを浴びるのは五歳のマルガリータ王女である。どうやらご機嫌うるわしくない様子で、子どもっぽい頬をふくらませてぷいと横を向いている。侍女のサルミエントが金盆に赤い水差しを載せ、跪（ひざまず）いて何ごとか言い聞かせているらしい。王女の右にはもうひとりの侍女ベラスコが立ち、その背後の暗がりで、尼僧姿の女官長ウリョアと御用係アスコーナがひそひそ話をしている。奥にドアがあり、ちょうど式部官ニエートが階段を上りかけて、ふと振り返ったところだ。右下でまどろむマスチフ犬のそばに、ふたりの小人症（しょうじんしょう）の道化が立つ。犬に足をのせた少年ニコラシートの曲がった背は、画面が絶妙な箇所で途切れているためわかりにくいが、隣のマリア・バルボラは、頭部と身長のアンバランスによって矮人（わいじん）の成人女性とすぐ知れる。

これで九人。しかし中央奥の鏡の中にぼんやりと、しかし誰かはわかる程度に、もうふたりが映し出されている。マルガリータの両親、フェリペ四世と王妃マリアナだ。ここでようやく、なぜ画中の人々の視線がこちらを向いているのか、そしてなぜ侍女ベラスコが膝（ひざ）を軽く曲げた宮廷式お辞儀をしているかが判明する。彼らが見ている相手は我々鑑賞者ではなく、我々と同じ位置にいるはずの国王夫妻だったのだ。つまり——

ベラスケスは王女の肖像画を描いていた。ただいかんせん幼い子どもなので、長い間じっとしてはいられない。侍女がふたりがかりで宥（なだ）めたりすかしたり、愛犬や遊び相手の道化たちまで総がかりになっているところへ、突然、国王夫妻が現れる。侍女ベラスコはすぐさま挨拶（あいさつ）に立ち上がったが、サルミエントの方は、処女マリアにお告げする天使ガブリエルよろしく王女にかしずいているため、気づかない（後ろでおしゃべり中の女官長たちや、犬にかまけるニコラシートも同じだ）。

この絵のドラマは、長くそう解釈されてきた。やがて異論が出る。もしベラスケスがマルガリータを描いているのなら、彼女と同じ方向を向いているのは妙だし、そもそもキャンバスの裏表は反対でなければならない。したがって彼が描いていたのは王女ではなく国王夫妻の肖像で、王女の方は取り巻きたちといっしょにその制作を見ているうち、飽きて駄々をこねはじめた、というのがこのシーンなのではないか、と。

なるほどそう言われればそうかもしれない。しかしそこからさらに一捻り(ひとひね)した解釈も出た。絵を描いている最中にしては、ベラスケスはキャンバスから不自然なほど遠く離れすぎている。しかもキャンバスの高さはどう見ても三メートルはあるが、これほど大きな室内肖像画といえば、この『ラス・メニーナス』をのぞいては存在しない。ということは、ベラスケスが今ここで制作中なのは（あたかもそう見せかけてはいるけれど）王女の肖像でも国王夫妻の肖像でもなく、まさに『ラス・メニーナス』そのもので、彼はここに鏡の国王夫妻をも含めた宮廷の「家族」たち十一人の群像を、宮廷的日常のごく自然なひとこまとして描いたのではないか……。

何しろ複雑でたくらみに満ちた作品なので、いろいろ想像できるのが楽しい。そこにベラスケスの腕の冴(さ)えが加わる。実際に本作を見た人は誰もがその魔術に驚嘆するのだが、銀糸をたっぷり織り込んで煌(きら)めく王女のスカートなど、近づいて見ると単に筆で乱暴に絵の具を塗りたくっただけで、何を描いたかわからないほどである。ところが再び画面から離れると、やはりそれはみごとな布でありレースであり、それ以外の何ものでもないと納得させられる。荒っぽいまでの大胆さが、一定の距離を置くなりたちまち繊細さに変わる、その不思議の魅力！

しかし今は「怖さ」について語らねば。

小説でも映画でも主人公を引き立たせるには、強力な仇役が必要である。ここではマルガリータ王女の愛らしさに、矮人マリア・バルボラの一見ふてぶてしい面構えが対比させられている。

だが時に仇役が主役を食うように、バルボラの存在感は王女を圧倒してはいないだろうか。軟骨無形成症の彼女は別に大きな顔でのさばっているわけでは全然なくて、病気の症状として頭部が目立ち、手足が極端に小さく、顔も前額部が飛び出し鼻の根が凹むという特徴を有しているだけのことなのだが、こうした姿に生まれたがゆえに、こうした道化として生きてゆかねばならないひとりの女性の半生が、ベラスケスの冷静で写実的な描写によって、ありありと立ちのぼってくる。

フェリペ四世が戴冠したころ、宮廷には数百人を数える奴隷がいた。当時、奴隷制は悪とは考えられておらず、それどころか奴隷労働の基盤あってこそ理想の国家体制が築かれると主張されていた。もっぱら重労働を担う一般の奴隷の他に、バルボラのような「慰み者」（この命名も凄い！）と呼ばれる道化たちもいて——矮人、超肥満体、巨人、異形の者、阿呆、おどけ、黒人、混血児など――、その数はベラスケスが宮廷にいた四十年の間だけでも、五十人を超えた。

「慰み者」たちは確かに中世以前の奴隷たちに比べれば、また同じ宮廷にいる他の奴隷や召使たちに比べても、取り扱われ方や衣食住などの面では格段に恵まれていたとはいえるだろう。バルボラが着ている贅沢な衣装を見ればわかるが、彼らはいわば王侯貴族の「装飾」として、「ステイタス」として、「富の誇示」として養われていたのである。なぜなら奴隷マーケットにおける不具者の値段は、現代のペット市場における珍種と同じく、非常に高価だったからだ！

だがバルボラは宮廷に就職したわけではない。ドイツから連れてこられたのである。嫌になったからといって辞められるわけでなし、結婚の自由も、住まいの自由も、およそ主人がお情けや気まぐれでくれる自由以外の自由はない。彼女は王からマルガリータ王女への、プレゼントの玩具にすぎなかった。「家族」の一員とされはするが（王は男の道化に「きょうだい」と呼びかけることもあった）、それは現代人がペットをそう見なしているのと変わりはない。病気を割り引いても「慰み者」たちの寿命が極端に短かったのは、そんな境遇によるものであろう。犬猫ではあるまいし、人は奴隷状態に長くは耐えられない。

ベラスケスが描いた多くの矮人たちの肖像のうち、『セバスティアン・デ・モーラ』はそのことをよく表わしている。こぶしを握りしめ、短い脚を人形のようにぽんと投げ出して座るこの慰み者は、明らかに「何者か」であって、道化という言葉から連想するユーモラスなところなど微塵もない。彼は、自分が他の人々に優越感を与えるために飼われていることを知っており、知的な眼に抑制した怒りのエネルギーをたたえ、あたかも目に見え

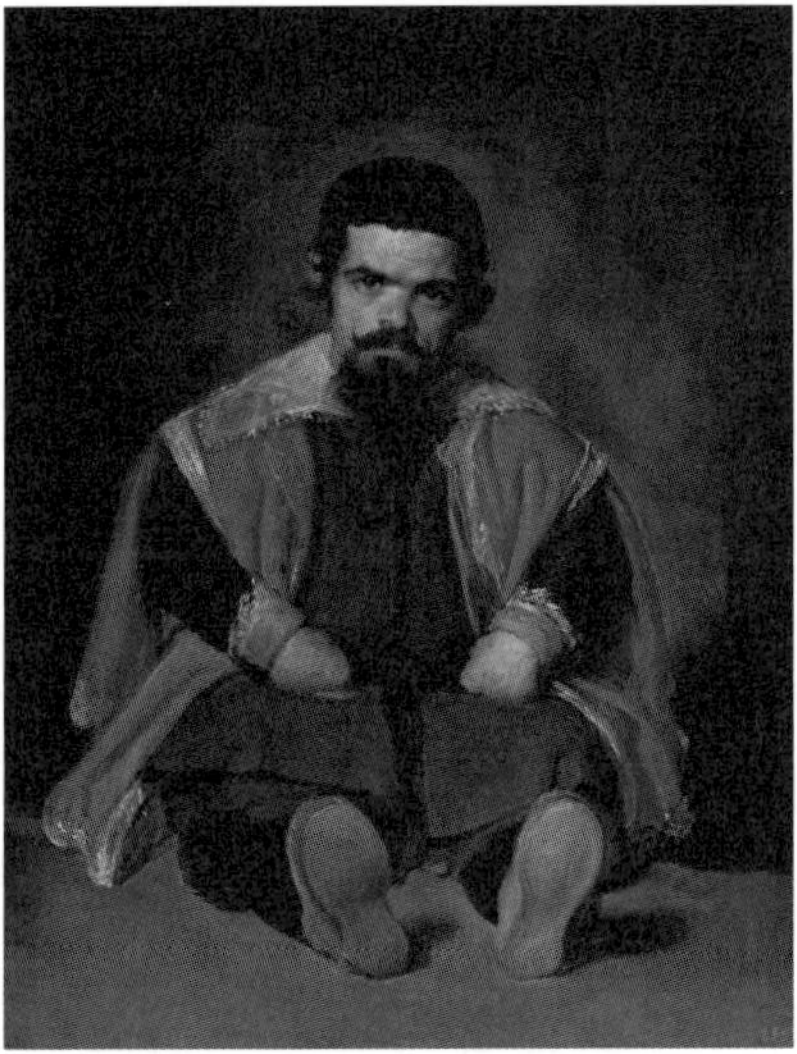

ベラスケス『セバスティアン・デ・モーラ』1645年頃
© Bridgeman/PPS

ない何かに挑むかのように、真っ直ぐこちらを睨みつけてくる。彼の精神と肉体の、魂と現実の、大きすぎ残酷すぎる乖離が、見る者にひりひりした痛みさえ感じさせる。

こういう肖像画をなぜ描けたのだろう？　きっとベラスケスの中にも、道化の怒りに共鳴する激しい何かがあったからに違いない。

こういう肖像画の制作がなぜ許されたのだろう？　それはおそらく、慰み者たちがどれほど心の底に黒いものを溜めていようと、実際の脅威とならない限り、上の者からは歯牙にもかけられていなかったためではないか。人間扱いされていなかったからではないか。

『ラス・メニーナス』をもう一度見直してほしい。ここには、生きた人間を何の疑問も持たず愛玩物とした「時代の空気」が漂っている。それが何とも言えず怖い。

皮肉にも、ヒエラルキーの頂点に立つ者たちもまた幸せでなかったことは、先の章『カルロス二世』に書いたとおりだ。

マルガリータ王女はこの五年後に弟（後のカルロス二世）をもち、スペインを継承することはできなくなる。そこでさらにその五年後の十五歳のとき、オーストリアのレオポルト一世との婚姻が決まった。母と同じく、血の濃すぎる叔父姪結婚である。レオポルト一世は、母の実弟であり、且つまた父の従弟であった。

王族の結婚は厳しい。ひとたび他国の妃となれば、もう一生両親とは会えないのがふつうだ（マリー・アントワネットも十五で別れて以来、母とは二度と会えなかった。葬儀にさえ出席できない）。陽光あふれるスペインから凍てつく冬を持つウィーンへ嫁いだマルガリータは、血族結婚による弊害もあってか、四人の子どもたちを次々亡くし、何とか女児ひとりだけ残したものの、わずか二十一歳で病死してしまう。この絵の淡淡とした金髪のように、儚い短い一生であった。

ディエゴ・ベラスケス（一五九九～一六六〇）は、スペイン最大の肖像画家のひとりで、人物の性格把握力は比類ない（『怖い絵』の『教皇インノケンティウス十世像』を見よ！）。フェリペ四世の信任あつく、マドリッド市内の自宅の他に宮廷にもアトリエをもらっていたし、平民出身でありながら、晩年、貴族のみ対象のサンティアゴ勲章を授与されている。作品数が少ないのは、宮廷装飾やら王の側近としての政治的な仕事にも携わっていたためで、死因も過労死だったといわれている。

表向きは功成り名を遂げた出世頭ではあったけれど、必ずしも描きたいものを描けたわけではなかった（ビジュアル的に全く魅力のないフェリペ四世像を何枚も描かねばならなかった）し、ルーベンスに触発されてイタリアへ絵画修行へ行ったときも長い滞在は王から禁止され、後ろ髪引かれる思いで帰国せねばならなかった。その意味では彼もまた、自由でも幸せでもなかったといえよう。

作品5

エッシャー

# 『相対性』

1953年　リトグラフ　28 × 29cm

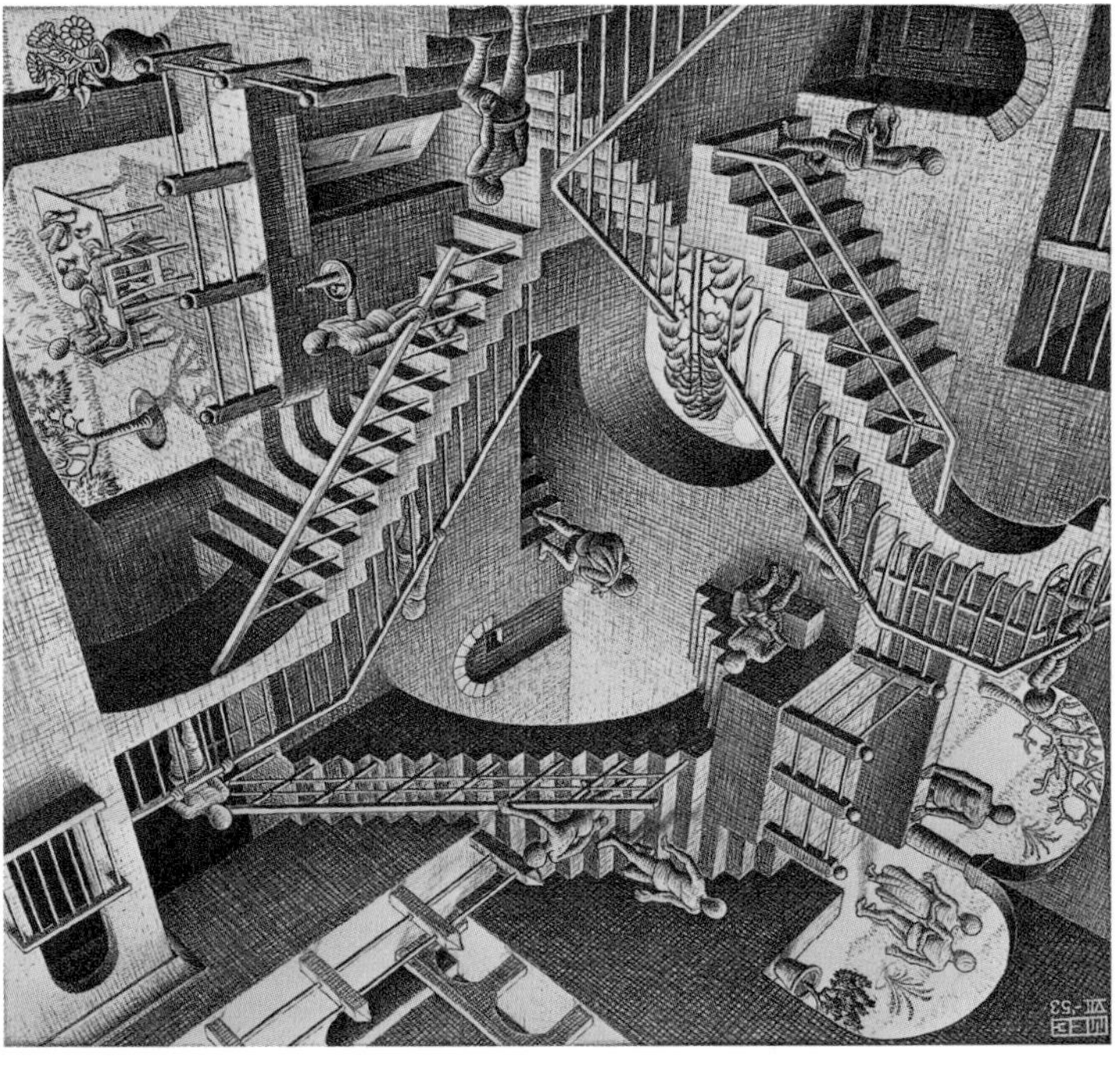

エッシャーの産み出した不思議な世界――現実にはありえない建造物、無限にくり返されるパターン、目と物との距離の突然の変化、いつの間にやら反転している空間 etc.――には、眩暈（めまい）を呼び起こす力がある。いっさいの情緒とは無縁の、非人間的で数学的な人工世界にもかかわらず、これまで知らなかった新しい感覚に訴えかけてくるせいか、奇妙なほど感情の深い部分を揺すってくる。

エッシャー本人は、自分の作品から何らかの寓意（ぐうい）を導き出されるのを嫌ったらしいが、それはつまり、深読みしたがる人が多いということなのだろう。見る側に強く何かを感じさせ、意味を探らせずにおかないのだ。常識をくつがえす、驚異に満ちた異次元空間に触れるのは、喜びであり嫌悪であり賛嘆であり興奮であり不安であり……そして恐怖なのだから。

たとえば有名な『滝』。これは一見、どこにもおかしな箇所は見当たらない。ジグザグの水路を通って流れ落ちる滝が、飛沫（しぶき）を上げて下の水車をまわしている。だがその水自体はどこから来るのだろう？ 重力に逆らって、エンドレスに循環しているだけではないか！ さらに眼をこらすと、ふたつの塔は右の方が左のより低いはずなのに、同じ高さになっている！ こんな建物を建てることは誰にも不可能だ。きちんとした遠近法で描写さ

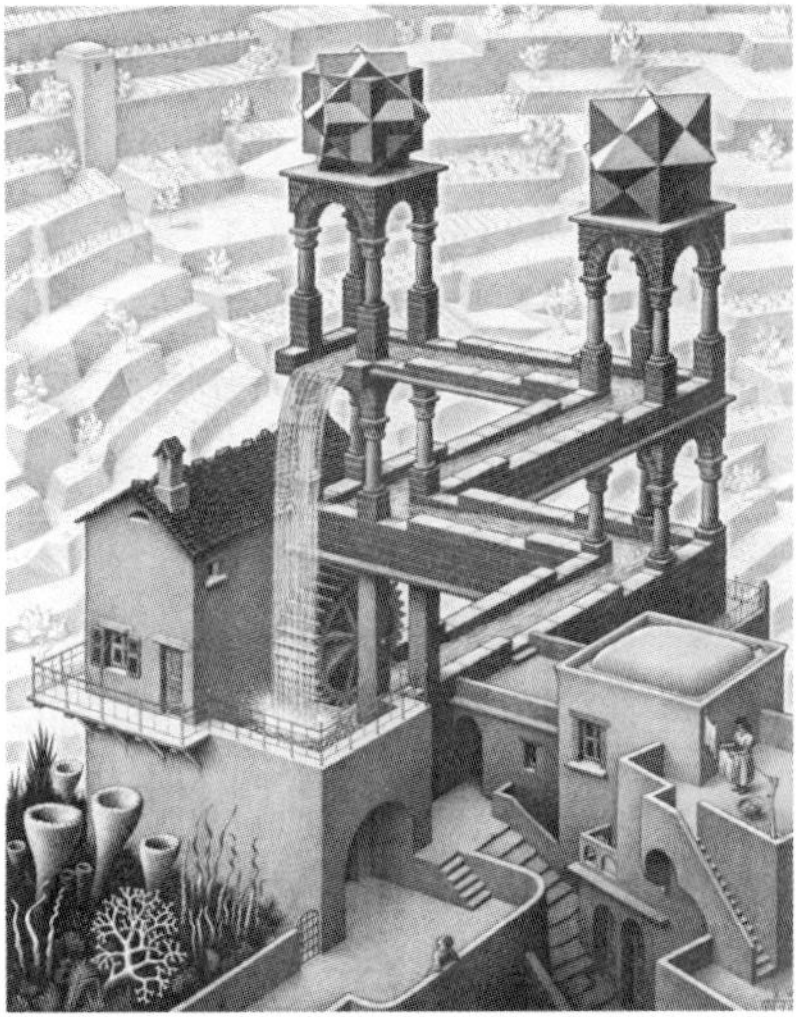

エッシャー『滝』1961年
*M.C.Escher's "Waterfall"* 

れ、四角い梁は直角に組み合わさっているのに、いったいなぜこんな狂いが生じるのか？平面の紙に立体の世界を描く絵画という芸術表現への疑問にとらわれるし（エッシャーの表現手段である版画は、制作の過程が立体で、完成品は平面、というのがまた面白い）、やすやすと騙される自分の眼に対しても不信を抱く。こうして鑑賞者はエッシャーの魔法の虜になってしまう。

『相対性』を見よう。『滝』と違い、こちらは一目でおかしさに気づく。のっぺらぼうとはいえ登場人物が十六人もいて、それぞれの立ち位置があまりに非現実的だからだ。階段の表側と裏側を、平気で上り下りしている。外の景色の水平線も尋常ではない。

広い建物だ。一見、地下深く穿たれて見える。扉は黒々と閉じている。ひとつだけ開きかけた扉の内部も無気味に薄暗い。けれど画面全体の印象は明るく、それはこの建物が樹木の茂る外部へ開放され、陽の光を十全に受け容れているからだ。

一番目につくのは、もちろん階段である。普通の階段が普通でない多方向へ、いくつもいくつも延びている。どれほどエッシャーが寓意的解釈を拒もうと、「階段」や「梯子」や「橋」には人類共通といえるイメージがあり、彼もそれを承知で使っているに相違ない。

さまざまな宗教や神話によれば、階段は「違う世界を結びつける」役割を持つ。つまり「天と地」、「楽園と地獄」、「未来と過去」、「あの世とこの世」を結ぶイメージだ。階段を上るのは神に近づくことであり、明日へと続く道であり、上昇と超越を意味し、反対に、下りは悪魔に近づき、過去へもどり、無意識の領域に入り込むことを意味する。肉体から抜け出た魂は階段を上り下りし、霊魂は階段を伝って蘇える。夢占いでも同じで、階段によって過去・現在・未来は結ばれているし、階段を遠くから眺める夢は、運命には抗えないとの気持ちをあらわすという。いずれにせよ階段は、異次元を拓き、別の世界へと我々を導く通路である。

怪奇小説やホラー映画によく階段が出てくるのは当然なのだ。階段を見上げても見下ろしても、先はどんどん細く暗く不確かに溶解し、濃い影の中に何かが待ちかまえているように思える。上からも下からも異界の住人がやって来る。上り口や踊り場には、この世ならぬ者がたたずんでいる。螺旋階段ならいつまでも同じところを廻るはめになり、死ぬまでそこから抜け出せなくなる……。

佐藤春夫が実体験をもとに書いた怪奇短編『化物屋敷』には、一階から二階、二階から三階へと、まるで一直線に続いているかのような階段が登場する。彼は初めて玄関からこの階段を見上げたとき、必ずしも勾配が急というわけでもないのに「眩暈を誘うような感じ」を受け、何ともしれず不快になる。それでも諸般の事情からここに下宿するしかなく、二階の部屋へ引越してくるのだが、何日たっても慣れることができない。自室に帰るのが怖い、という原因について秀逸な描写があって――

「いよいよ自分の部屋へ入る段になるとどうしてもひとりでは入れなかった。人々を同伴して入る時でさえもそれは自分の居室へ入るというよりは何か他人の密室へ侵し入るような緊張した不気味なやましさに似た気持がしてならないのであった。自分の今迄の経験によると化物屋敷に共通な怖ろしさは帰って行く時のこの気持の一つにあるような気がする」。

別世界へ、他ならぬ自分が異人として入ってゆく、反転感覚であろうか。

イギリスの女流作家マーガニタ・ラスキの『塔』は、蜘蛛の巣の網に囚われた蝶のように階段に閉じ込められるヒロインを描く――フィレンツェを旅していた主人公は、立ち寄った古城でブロンツィーノ（『愛の寓意』の画家。『怖い絵』参照）が四百年前に描いた肖像画を見る。かつてこの城の女主人だったという絵の女性は、自分にそっくりだった。「引き返した方がいい」という心の声を聞きながら、彼女は吸い寄せられるように城の塔をひとりで上る。四七〇段の石段をようやく上りきり、安堵したのも束の間、急峻な下り階段に気が遠くなりかける。どうにか勇気をふりしぼり、段を数えながら必死に下りてゆくのだが、ラストが怖い。四七〇段まで来たのに、まだ階段は終わらず、彼女は数え続けるのだ、「五〇一段、五〇二段、五〇三段……」と、果てしなく。

エッシャーへもどらねば。

『相対性』における無機質な描写に、怪奇小説的雰囲気は皆無である。顔のない人々は単に記号であって、誰も不気味とは思わないだろう。ただし目鼻を持たない人間の感情は謎で、声のない世界に音もまた不在に違いない。特におどろおどろしい物は見当たらず、階段、扉、床、壁、花瓶、ベンチ、外の景色、それらひとつひとつは何の変哲もない。

不安の源は、ある人にとっての床が別の人には壁になっているといった非現実感からきており、その突拍子もなさは、一瞥したただけだと、無秩序ででたらめなものと錯覚しそうになる。ところがそうではない。この建物内の階段空間は、論理立った計算のもとに非常に巧妙で複雑に組み立てられ、三つの重力世界の三つの地表はちゃんと直角に交わっている。

外の景色にポイントを定め、それぞれの住人に色を付けてみるとわかりやすいかもしれない。

まず左上の、明るい戸外を連れ立って歩くふたりを「ブルー」の人々と呼ぼう。彼らの地表（床）を確認するには、この本を時計回りにぐるりと約九十度まわし、それから絵を見直してみるといい。たちまち仲間が見つかるはずだ。ふたりのすぐ横、円柱のそばに立ち、内部を見ている人も「ブルー」だし、その先の階段を黒い壁に沿って手ぶらで下りてゆくのも「ブルー」とわかる。同じく中央で荷物を背に担いで歩く人も同じだ。もうひとりいる。円柱の「ブルー」から見て右手に下り階段があるが、そこを大きな籠を持って下りてゆく者だ。「ブルー」は全部で六人いる。

次に、右下の戸外。テーブルで食事中のふたりを「グリーン」の人々と呼ぼう。彼らの地表は、時計回りと反対にやはり九十度近くまわすとはっきりする。ウェイターであろうか、手前の階段を酒瓶とグラスを運んで下りる「グリーン」がいる。中央やや左寄り、階段脇のベンチに座って読書する「グリーン」もいる。この「グリーン」にとって壁に相当する場所は「ブルー」には床なので、さっきの荷物を担いだ「ブルー」が通ってゆく。同じ階段（水平「ブルー」の足もとの凹み(へこ)は、「グリーン」にとっての扉である。読書中の「グリーン」の斜め上の階段を、別の「グリーン」が手摺(てすり)につかまりながら上ってゆく。同じ階段（水平部と垂直部は逆だが）は、「ブルー」も下りに使っている。「グリーン」たちは五人だ。

三つ目の戸外は、読書する「グリーン」の目の前にぽっかり空いている。太陽が照りつけ、熱帯の大木のような葉は密に生い茂っている。「ブルー」の世界の木が、葉をすっかり落としているのとは正反対だ（ちなみに「グリーン」の木は、ごくありふれた街路樹のように見える）。位置上、ここに人がいるかどうかは鑑賞者からは見えない。画面一番手前の階段を、こちらへ背中を向けて上る者がこの世界の住人だ。「レッド」としよう。この「レッド」を、右上の高い場所から見下ろしているのも仲間だ。その右手の階段を別の「レッド」が下りてゆく。同じ階段の裏側は「グリーン」の世界なので、さっきの酒瓶を運ぶ「グリーン」が下りている。もうひとつの階段が、V字型を形作って左に見える。大儀そうに上ってゆく「レッド」と、ちょうど踊り場から今度は下りはじめている「レッド」がいる。彼らも全部で五人だ。

十六人はこうやって同じ空間で生活しているわけだが、それぞれの地表が違うので交流は難しいだろう。階段だけは共用しているものの、同じ方向へ片や上り、片や下り、あるいは逆さまで通ってゆくのだから、もしこれで互いの姿が見えているとしたら大変な騒ぎだ。怖いというより煩わしいし、危なくてしようがない。たとえば読書する「グリーン」がもう少し右寄りに座っていたら、壁を横歩きする荷物持ちの「ブルー」とぶつかってしまう。「ブルー」にしてみても、壁から身体を突き出している「グリーン」は邪魔だろう。酒瓶を運ぶ「グリーン」が入ろうとしている扉は、手前の階段を上ってくる「レッド」にとって、いきなり開いた穴なので危険この上ないことになる。

だから彼らは互いの存在に気づいていないのだ（気づいていれば、これほど近づいて暮らすはずがない）。ただし唯一の接点である階段、異世界どうしを結ぶ神秘の場所で、ふっと何かを感じる瞬間があるかもしれない。

たとえば画面中央上部の、同じ方向へ下りてゆく「ブルー」と上ってゆく「グリーン」が、もし常より鋭敏な感覚の持ち主だったなら、目には見えなくともすぐそばに自分とは異質なもの、この世ならぬものの気配を察知し、背筋を凍らせるのではないか。そのとき「ブルー」と「グリーン」のどちらが異質か、どちらがあの世のものか、ということこそ「相対的」なのである。タイトルの所以だ。反転の怖さだ。

そしてこの絵には、もうひとつ別の怖さもある。定まらない視点を何とかしようとする、我々鑑賞者という存在だ。

三つの異なった世界、異なった地表、しかもその地表のどれも絵の枠に対して平行ではなく、微妙にずれて傾いている。だからじっと見ているうち船酔いに似た感覚に襲われ、自分が安定した足場に立っているとは思えなくなる。空中浮遊しながら見下ろしている気がしてくるのだ。三つの世界をいっぺんに見晴らそうと、あちらへくるん、こちらへくるん、頭でっかちの風船人形みたいに、あるいはほわほわ浮かび飛ぶ人魂（ひとだま）みたいに思えてくる。

とするならば、その自分自身が四つ目の世界の住人かもしれない。この世からあの世を眺めているつもりで、実はあの世からこの世を眺めているのかもしれない……。

マウリッツ・コルネリス・エッシャー（一八九八〜一九七二）は、オランダの画家・版画家。あまりに独創的すぎる作風のため、未（いま）だ美術界からは無視されることが多いが、だまし絵の画家として、また作品の数学的側面によって、絵画にさほど関心のない層にまで名前は広く知られている。長崎のハウステンボスにまとまった作品が集められているのが、日本人にはありがたい。

59　作品5　エッシャー

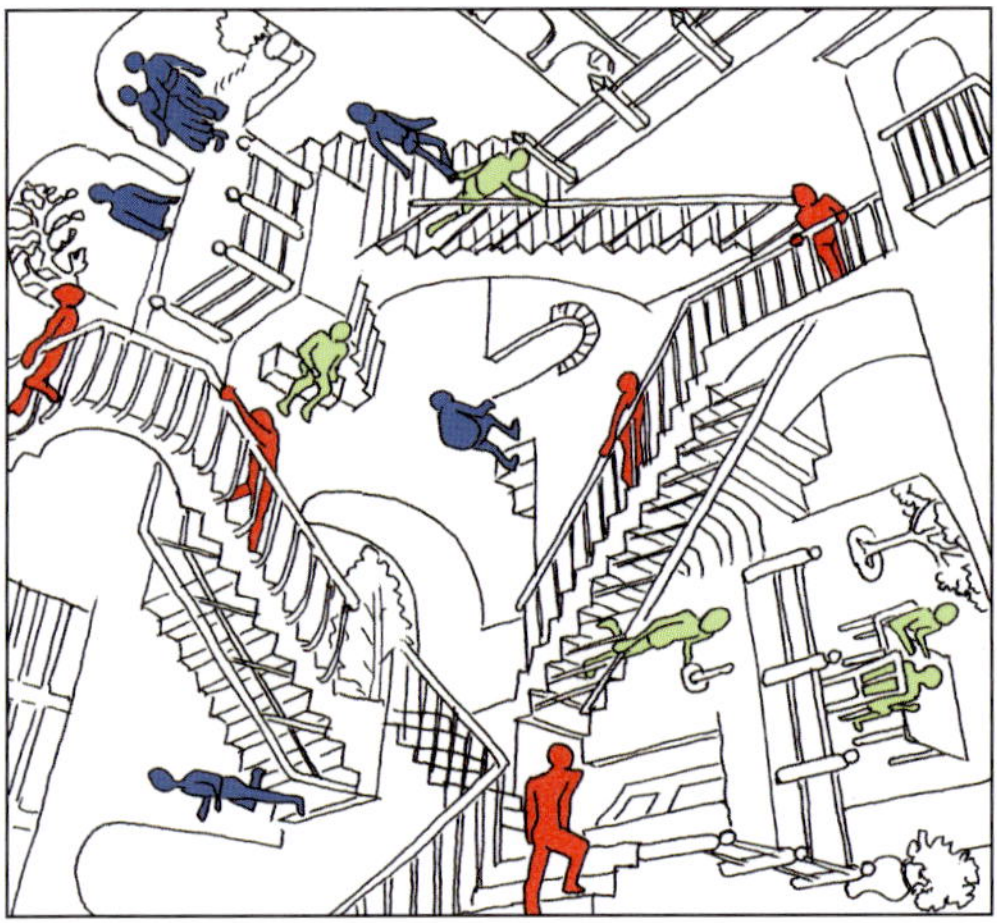

作品6

ジェラール

# 『レカミエ夫人の肖像』

*1805*年　油彩　*225 × 148cm*
カルナヴァレ美術館

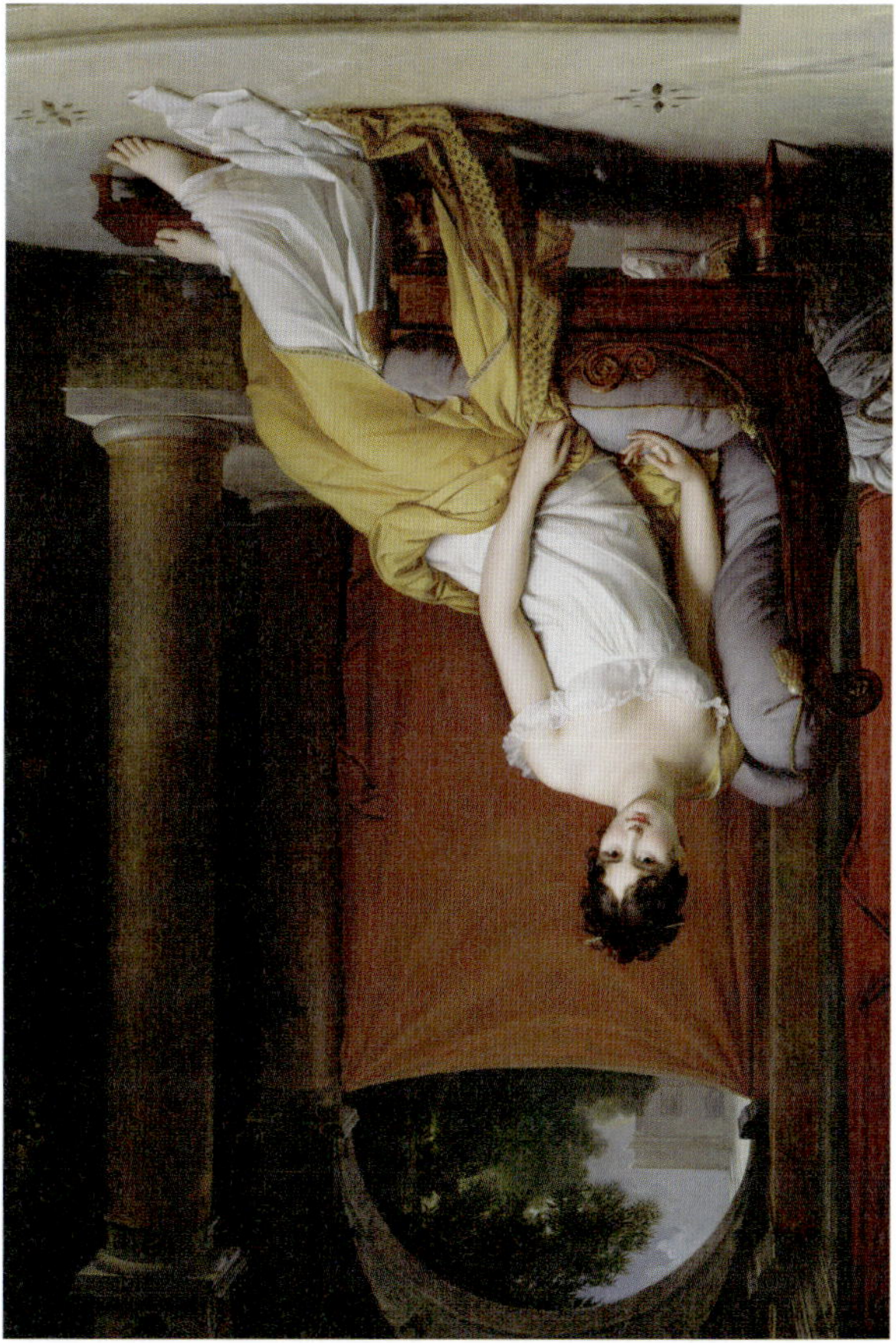

古代ギリシャ風の円柱とアーチを持つ建物の一角で、下着姿の美女が椅子に座っている、というよりしなだれかかっている。黄色いショールだけふんわり膝にかけ、肩も腕もむき出し、胸も透け、おまけに素足で、小首をかしげ、腕の脱力さ加減といい、蠱惑的で誘惑するような眼差しといい、これは高級娼婦が客を誘っている図であろうか？

とんでもない。

この女性は、富豪の銀行家レカミエ氏の正夫人、才色兼備を謳われた社交界の花である。彼女が主宰するサロンには、ベルナドット将軍（後のスウェーデン国王）、外交官メッテルニヒ、プロイセン王子アウグスト、歴史学者アンベール、作家シャトーブリアンといったセレブな客人たちが集まり、レカミエ邸へお招きにあずかるということは、パリ文化の一翼を担うと同義だった。それもこれも夫人が「美」という絶対権力の持ち主だからで、かのナポレオンすらその魅力の前にひれ伏したと噂されている。

そういうわけで、当代随一の人気画家ダヴィッドに肖像画を依頼することも、その絵がもう少しで完成という間際、気に入らないからと受け取り拒否することも、さらには改めてダヴィッドの弟子フランソワ・ジェラール（一七七〇～一八三七）に、新しい肖像画を描かせることまでできた——それが本作。

今日ではダヴィッドの未完作（「レカミエ椅子」と呼ばれるようになる寝椅子に横たわ

った姿）の方が芸術的評価は高いが、夫人は知的で冷静な顔の表現に不満で、ジェラール描くコケティッシュな雰囲気を良しとして、さっそくこの絵を恋人へ贈った（夫がいても、当時は「そんなの関係ない！」の世界だった）。

なるほど、恋人へのプレゼントだから、下着姿なのか。

とんでもない。

これは下着などではなく、れっきとした正装である。この格好でオペラ座へも出かけるし、チュイルリー庭園だって散歩してしまう。その場合さすがに素足とはゆかず、皮紐付きサンダルなんぞを履く。なぜならこのファッションは、古代ギリシャ・ローマ風シュミーズ・ドレス（ついでながら、ヘアスタイルも古代をイメージした短いくるくる巻き）なので、履物もそれに合わせなければ。

宝石はつけない（つけてもせいぜい真珠のみ）。簡素がキーワードなのだ。まばゆく輝くのは宝石ではなく、艶やかな肌であり、シースルーの布がそれをいっそう引き立てる。しかもハイウエストで、そのまままっすぐ下へ流れるだけだから身体のラインがくっきり見え、すばらしい凹凸のあるスリムな若い女性にしか似合わない。つまり少数限定ファッション。なのに流行の最先端に飛びつく、恐れを知らない女性は数知れなかった。

彼女たちが外を歩いていて、もし突風が吹いたらどうなるのだろう？　コルセットも下穿きもみんなやめてしまい、薄くて軽いモスリンときては、派手にまくれ上がって、えらいことに……然り。記録によれば、風が吹くと男性には眼福だった由。

そこまでは問題なし（？）として、でも寒さについてはどうか。当時は小氷河期と呼ばれる寒冷期で、フランス革命の一因は農作物の不作による飢饉にあった、といわれるくらい寒かったはずだ。室内の暖房設備もまだおそまつだった。南国ギリシャ・ローマの衣装を、厳寒のパリにそのまま――そのままどころか、古代ローマ人とてこれほど胸を大きくはだけてはいなかった――導入して平気だったのだろうか？

平気なわけがない。それが証拠に、モデルとしてポーズ中のレカミエ夫人も防寒対策をしている。吹きさらしの円柱と円柱の間にテントのように張った、無粋で分厚い毛布がそれだ（さほど効果はなさそうだけれど）。そしてファッション・リーダー、レカミエ夫人の真似をして、家でも外でもシュミーズ・ドレス一本槍――外套まで捨ててしまい、スカーフやショールで代用という愚かしさ――で通した若い女性たちは次々風邪をひき、インフルエンザや結核で命を落としていった。

冗談抜きに、これは命取りの怖いファッションなのだ。

フランスのファッションは、一七八九年の革命を境に激変した。

恐怖政治の前後は、鬘をかぶっていたり髪粉をつけたり、いかにもの貴族姿で出歩く者は、ギロチン台へ引っ立てられかねなかったし、経済情勢の悪化も加わり、もはや以前のかったような露骨な衣装が政府高官夫人連の日常着となり、未婚の乙女まで露出競争に加わるようになった。以前なら娼婦すら袖を通すのをはばかるようになる。

かくして古代風ファッションはいよいよ過激化し、以前なら娼婦すら袖を通すのをはばかったような露骨な衣装が政府高官夫人連の日常着となり、未婚の乙女まで露出競争に加

悦びは、男性の欲望を身にまとうこと」と言った作家は誰だったか……。

スルーにすれば（サロンでの目撃談あり）、男は単純だからすぐ振り返る。「女性の一番の

てしまう。こうなると、とりたてて美貌でなくとも、胸を丸出しにしたり下半身までシー

顕わになって、華やかな色彩や装飾がなくとも、いや、それ以上に、男性の眼を吸い寄せ

身体を締めつけ変形させてきた硬い下着を追放したせいで、くっきり肉体の線が

カミエ夫人像を見ればよくわかる。露出度が飛躍的に増したこともさりながら、それまで

色は白が基調で裁断はシンプルだから目立たない、というわけでは決してないのは、レ

の女性が陸続と追って、パリ中に「歩く古代彫刻」があふれた次第。

のミューズとなった美女なら差し支えない。彼女たちがまず先鞭をつけ、その後をふつう

外おしゃれを放棄した）、暇を持て余した上流階級の夫人やら、サロンを主宰して芸術家

ある。男性がシーザー・ルックを真似ていては仕事に困るが（これ以降、男たちは軍服以

政権）が古代ギリシャの民主制を、続くナポレオンがローマ共和制を理想に掲げたからで

それにしてもなぜ古代風かといえば、話は単純で、総裁政府（フランス革命最終段階の

きを変えるように、人々の装いは突然、極端に簡素化した。

ように豪奢なロココ趣味を維持するのは誰にとっても不可能となる。魚の群れがふいに向

わり、咳こみ血を吐きつつ肩と胸を寒風にさらし続け、痴漢の増大した公園や並木道を裸同然でそぞろ歩く、といった恥知らずもきわまったヒステリックな狂乱状態へ突入する。

女はバカだから？　それもあるだろう（でもバカでは男も負けていない）。むしろこの取り憑かれたようなファッション狂騒曲は、単なる愚行というより、死を怖れるあまりの——革命直前の王侯貴族が滑稽なまでに華美になったのと通底する——無意識的防衛本能の働きだったかもしれない。何しろ革命とそれに続くめまぐるしい政変で、処刑者数二万とも四万ともいわれ、「スレート瓦のごとく首が落ちた」のだ。昨日首を斬っていた側が今日は斬られる側にまわるときては、地雷原を目隠しして歩くのと変わらない。

人々は、ギロチンの刃の忙しない上下運動と、ころがる首を見すぎ、無感覚になった気がしていた。堕落した生活に慣れ親しんだ放蕩者のように、怖いもの知らずになったと錯覚した。平気と思わなければ、日常生活をやっていけなかった。だが外へ噴き出す血潮を目にして、身体の中の血潮が泡立たないはずがない。死を直視したくないから、死をまとおうとしたのではないか（ロック歌手プレスリーが、薬中毒が重くなってきたころ、ひんぱんにモルグへ出かけて死体を見ていた、というエピソードを思い出す）。

明快な例が「ア・ラ・ヴィクティム」（犠牲者風）という名のヘアスタイルで、これはギロチンにかけられる前の処刑者がざんぎり頭（『怖い絵』の『マリー・アントワネット最後の肖像』参照）にされたのを模したもの。わざわざ前髪もくしゃくしゃにし、首には真っ赤なチーフを巻き、真っ赤なショールもはおって血をイメージさせたという。ふざけたり皮肉るためでなかった証拠には、このヘアスタイルで舞踏会へ出られるのは、恐怖政治時代にギロチンの犠牲となった者の近親に限られていたことからもわかる。

透けたシュミーズ・ドレスという悦楽と刺激には、死化粧が寄り添うこともある。プリュードンの『皇后ジョゼフィーヌの肖像』にはっきりそれが見てとれる。言わずと知れたナポレオンの最初の妻にして、ファッション・リーダーのもうひとりの旗頭ジョゼフィーヌは、レカミエ夫人と瓜二つのシュミーズ・ドレスをまとい、気だるく岩に肘を付いている。

顔に注目。

口紅も頬紅もささず、わざと蒼白い化粧を施し、頬に暗い影を入れて、幽鬼のような、あるいは死に瀕した病人のような、異様な雰囲気を醸しているのがわかるはず。これぞ気高い女性が施すべき、芸術的で美的で幻想的な化粧なのであった。

「ジョゼフィーヌ、少しは紅を入れたらどうだ」とナポレオンは苦言を呈したらしいが、ファッションに関して女性が男性の言いなりになることはめったにない。重病患者としか思えないほど痩せてやつれて、頬はこけ、目の下に隈を作り、物憂げにはかなげに見せるのがエロティックな美と信じる限り、決してやめはしない（これは「結核化粧」として次代のロマン主義へ引き継がれる）。そしてもちろんおおぜいの女性たちが、ジョゼフィーヌに右へ倣（なら）えし、死化粧に明け暮れたのだった。

——つまり彼女たちは、こうしてあらかじめ死んでおこうとしたのだ。

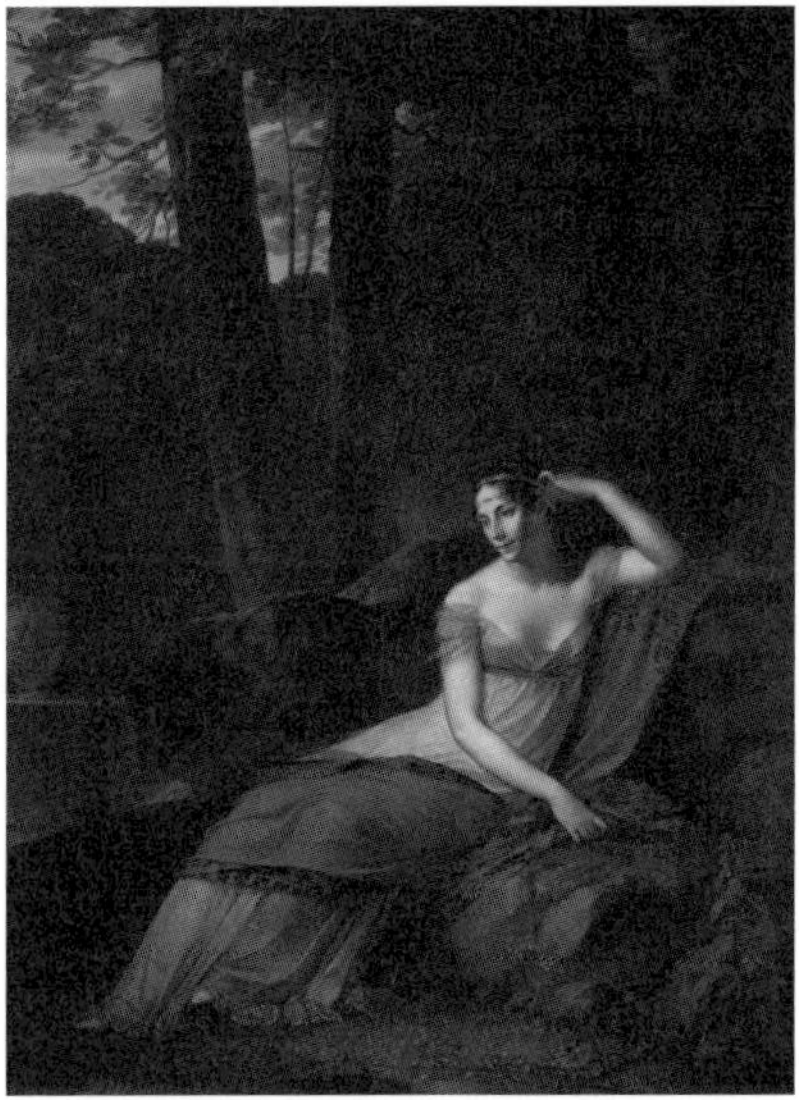

プリュードン『皇后ジョゼフィーヌの肖像』*1805*年

作品7

ブリューゲル

## 『ベツレヘムの嬰児(えいじ)虐殺』

*1565*年前後　油彩　*109 × 155cm*
ロンドン・ハンプトンコート王室コレクション

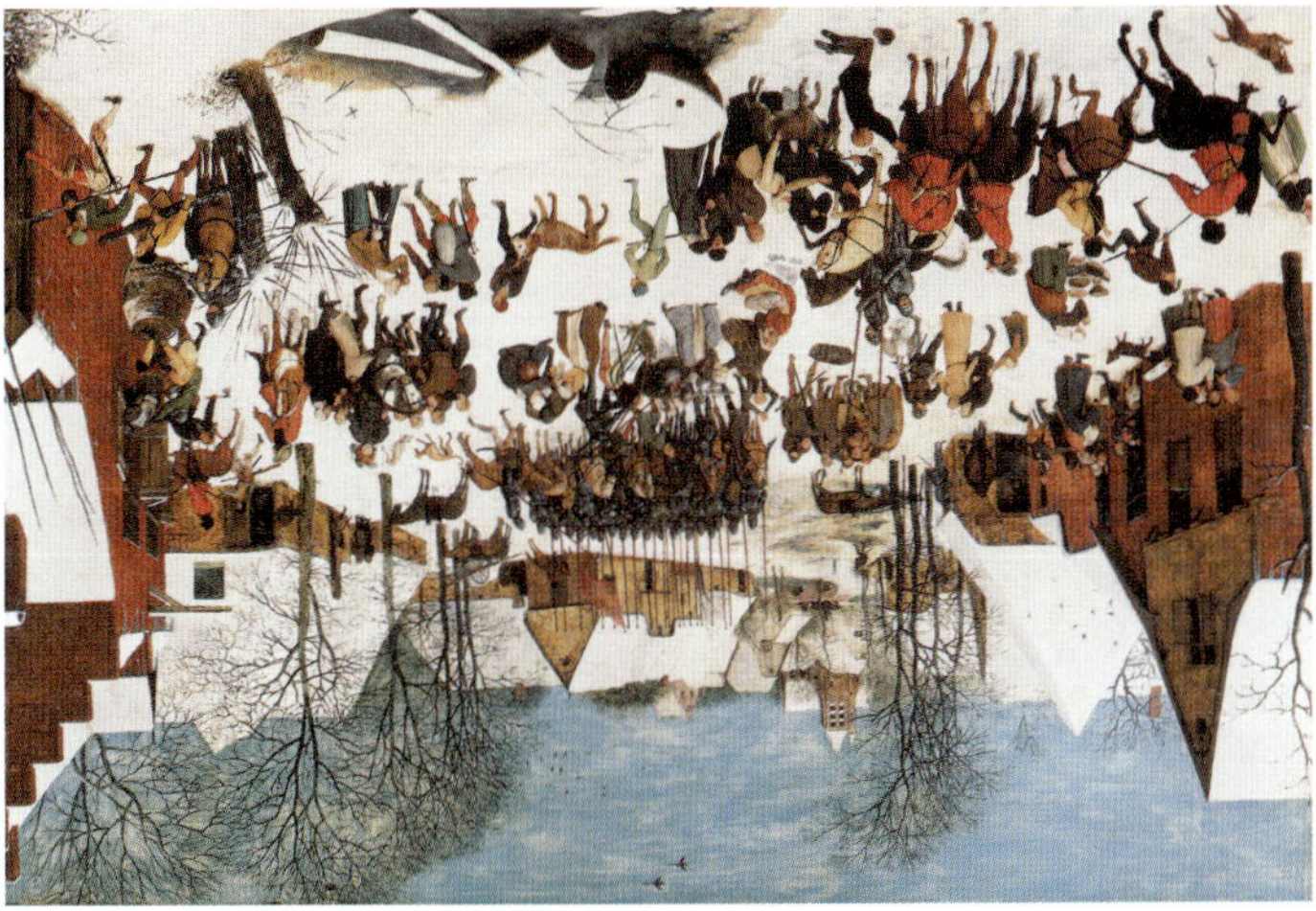

これは何を描いたものだろう？

十六世紀ネーデルランドの、ありふれた小村。木々は葉を落として裸形となり、尖り屋根には重く雪が積もる、厳寒の冬の日。空だけはのどかに明るく青く、鳥がのんびり飛んでゆく。下界は大混乱をきたしている。ものものしく甲冑に身を固めた騎士たち。剣や槍をふるう兵士や傭兵たち。怯え、懇願し、泣き叫ぶ農民たち。何やらとてつもなく恐ろしい事件が進行しているらしい。

鑑賞者は目をこらし、いったい何が起きたか確かめようとして……当惑する。どこを見ても、いくら捜しても、わからないのだ、なぜ、どうして、これほどの大騒ぎになっているのか。

兵士らの動きは確かに荒々しい。だが彼らの暴力の向かう先は、動物や袋や壺にすぎない。たかがその程度のことに、農民たちのリアクションは大げさすぎないか？

——この絵は不自然で、どこか嘘っぽい。

ブリューゲルの絵にはいつもおおぜいの登場人物がひしめきあい、豊かな群像劇を構成している。彼らの表情やしぐさ、からみあいが、独特のハーモニーとリズムを奏でるのだ。

画面前景の右端から見てゆこう。

馬上の騎士の命令で、傭兵たちが扉を開けようとしている。鍵がかかっているのだろう、長槍を持つ男が足で蹴破ろうとしており、もうひとりは抱えた丸太で扉を壊す気だ。よほど戸締まりの厳重な家らしい。彼らの背後の兵士たちは、樽によじのぼって窓から侵入しはじめている。ひとりが手斧を構えているのから察するに、その木造窓にも閂がかかっていたに違いない。馬上の男が二階に向かって叫んでいるようだ。家の中に隠れている者に、投降を呼びかけているのだろう。

二本の黒ずんだ切り株のそばでは、母親が両手を合わせて必死に何か頼んでいる。後ろ姿の傭兵が奪った灰色の袋を、返してほしいと言っているらしい。ひとりは犬を連れているが、これは麻薬犬なみに袋の中身を嗅ぎ当てたということか。母親のスカートにしがみつく子どもへ（当時は男児もこういう服を着ていた）、手を伸ばす者もいる。今にも長剣を抜こうとする者もいる。これ以上騒ぐと殺す、と脅しているところかもしれない。しかし幸い今のところ、雪の広場に死体はひとつもない。

左手前には、人目を引く赤い衣装に羽根帽子の、いかにも身分の高そうな馬上の男性が、こちらへ顔を向けている。これは彼こそが、この場の指揮を執る最重要人物であることを示していよう。それにしても彼の命令が何なのか、何を要求しているのかは、判断しにくい。武器を持たない村人たちに対し、部下に刀剣をふりまわさせるのも妙だが、それ以上に奇妙なのは、これほどの騒ぎなのに怪我人も死人も出ていないことだ。

その右隣の、衣装は赤いが地味な黒帽子の男に対して、ひとりの農民が跪いてすがっている。大事にしている飼い犬が連れさられようとしているかららしい。妻とおぼしき女性も、ナイフを持つ傭兵の手を押さえている。後ろでは両手で顔を覆う者、ハンカチを目に当て泣く者、慰める者。犬一匹に、ずいぶんな騒ぎである。

一番左端では、別の黒帽子の男が馬に鞭を当てて誰かを追っている。犬も吠えかかり、反対方向からは剣を握った男も加勢に駆けつける。追われる人間が画面の隅にちらりと見えているが、エプロンにスカート、村の農婦だ。彼女が第一の犠牲者になるのであろうか。

画面中景へ目を移そう。

派手な帽子をかぶり馬に跨った伝令吏を、村人たちが取り囲み、行く手をさえぎっている。彼らもまた切実な表情で、伝令吏に何か訴えているのだが、相手は無表情に小首をかしげ、左の肩をちょっとすくめながら、「自分にはどうすることもできない」と答えているふうだ。

その左では兵士と農婦が小競り合い中である。農婦はよほど大切なのか、茶色の壺をしっかり胸に抱きかかえて激しく抵抗。兵士が無理やりその腕からもぎ取ろうとしている。そばには頭巾をほどきながら、後ろをふりかえる女性。縞模様のズボンをはいた傭兵が、小さなイノシシに今しも剣を突き立てたところだ。その左にいるふたりの女性は、イノシシの飼い主だったとでもいうのだろうか。ひとりは顔を覆って泣き崩れ、ひとりは天に向かって両手をふりしぼっている。ありえない光景だ。

脚を投げ出して座り込む農婦も見える。雪の冷たさを感じないのか、両手を頬に当て、放心したように長い間その姿勢のままでいるらしい。膝の上には紐で縛った包みがある。

いったいこれは何なんだ？

すぐ後ろには鶏だのガチョウだの、家禽類が集められ、騎士や兵士たちが長槍で刺し殺しているところだ。不思議なことに、鳥たちは逃げる気配さえなく、おとなしくしている。

横ではひとりの兵士に農民たちが詰め寄っている。剣を持つ傭兵が、その場をおさめようと、農民の肩を叩く。足もとには、紐で縛った茶色の袋が落ちているが、これが原因のようだ。それならなぜせっかく取り上げた袋を開けて中身を調べたり、隊長のところへ運ばないのだろう？

農婦からガチョウを奪い、歩き去る兵士もいる。隣の男は彼女の子どもの手をひっぱり、兵士に何か言っている。その子の斜め下で、手を合わせて祈る女性がいるが、その目の前にあるのはがらくたのような家財道具だ。

左の家からは、兵士たちが袋を抱え、男の子を連れて出てきたばかりだ。戸口で母親らしき女性が泣いている。近所の者たちが騒がないようにと、別の兵士がみんなを押しもどしている。

遠景中央で、無気味な灰色の塊を成しているのは、甲冑の騎士群。彼らは槍衾をつくり、明らかに村人たちの逃げ場を封じている。しかしこれほどの大軍で押し寄せるには、この村はあまりに貧しすぎはしないか。農民らが何を袋に壺に隠していようと、その価値はたかが知れているのではないだろうか。まして家禽類だの犬だのを殺して、騎士側に何の得があるのか。

いや、そもそもブリューゲルほどの画家が、これほど意味のない絵を描くだろうか？描くわけがない。

謎は古くから解けていた。なぜならこの作品のみごとな構図、色合いの魅力、多彩で生き生きした登場人物は、発表時から多くの人々の心を捉え、コピーが出回ったからである（コピーのコピーを加えれば、なんとその数三十点を超える）。

それらコピー作品と比べることによって、また近年の赤外線写真による詳細な調査によって、このオリジナルには実に怖るべき改竄が施されていたことが判明した。わけがわからなくなったのは他人の無神経な筆が入ったからで、ブリューゲルはもともと、キリスト教徒なら誰もが知っているエピソードを絵画化したにすぎない。

『マタイ伝』によるそのエピソードとは――

星を見て救世主誕生を知った東方の三賢王（＝三博士）が、ベツレヘムへ行く途上、ヘロデ大王を訪問した。ヘロデは彼らから「ユダヤの新しい王」について聞かされ、自分の地位を脅かされるのではないかと恐れ、「その幼子を見つけたら教えてほしい」と頼んだ。密かに殺すつもりだった。

やがて三賢王は馬小屋にたどりつき、母マリアと幼子イエスに乳香や没薬などを贈る。帰りはしかし、ヘロデのもとへは寄らなかった。行くなとお告げがあったからだ。同じころヨセフにも、「マリアとイエスを連れ、エジプトへ逃げよ」と天使のお告げがあり、家族は密かにエジプトへ逃避行する。

一方、三賢王に騙されたと気づいたヘロデは怒った。預言どおり幼子が生まれたことも知り、ベツレヘムとその近辺で生まれた二歳以下の男児をことごとく殺してしまうよう命令を下す。こうして冬の日の惨劇がくりひろげられた（このとき殺された子どもたちは、キリスト教最初の殉教者とされる）。

要するにブリューゲルが描いたのは、この嬰児虐殺シーンだった。舞台だけは自分の故郷ネーデルランドに変えてあるが、これはエジプト逃避行を描いた『ベツレヘムの戸籍調査』などと同じ趣向だ。

ウィーン美術史美術館に同名作品があり、長らく真筆と信じられてきたのだが、現在では息子のピーテル・ブリューゲル二世によるコピーということが明らかになっている。ふたつを見比べてみよう。

中景で、壺を後生大事に抱えているかに見えた女性は、死に物狂いで我が子を守る母であった。放心したように座り込む女性の膝の上には、紐でしばった袋どころか、殺された裸の子どもがいる。その後ろにころがる茶色い小包みも、実際には刺されて息絶えた幼児である。家財道具の前で祈っているように見えたのは、あおむけに倒れた我が子の死体を前に絶望する母の姿だ。ガチョウや犬や袋に描き変えられたものは、どれもみな槍や剣で突き殺された、いたいけな子どもたちばかりである。

身の毛もよだつのは、絵の真ん中、まさしく中心点で起こっている惨劇だ。兵士たちは家禽を集めたのではない。逃げることもままならない赤子を寄せ集め、いっせいに槍を突き立てているのだ。死体はひとつもないどころではなかった。白い雪はそこここで鮮血にまみれていた。

青空の下で展開されているのは、こんな殺戮シーンだった。青空？　ありえない。複数のコピーが証拠だてるように、ブリューゲルは明るく乾いた空に鳥を飛ばしたりしなかった。むしろ不穏で禍々しい色調で表現された空が、人間の愚行を暗く重く、やりきれない湿度で覆っていた。勝手に変更したのは、嬰児を袋や壺に変え、雪から血の染みをぬぐい去ったのと同じ者の手だ。

いったい誰がなぜこの傑作をかくも冒瀆したのだろう？

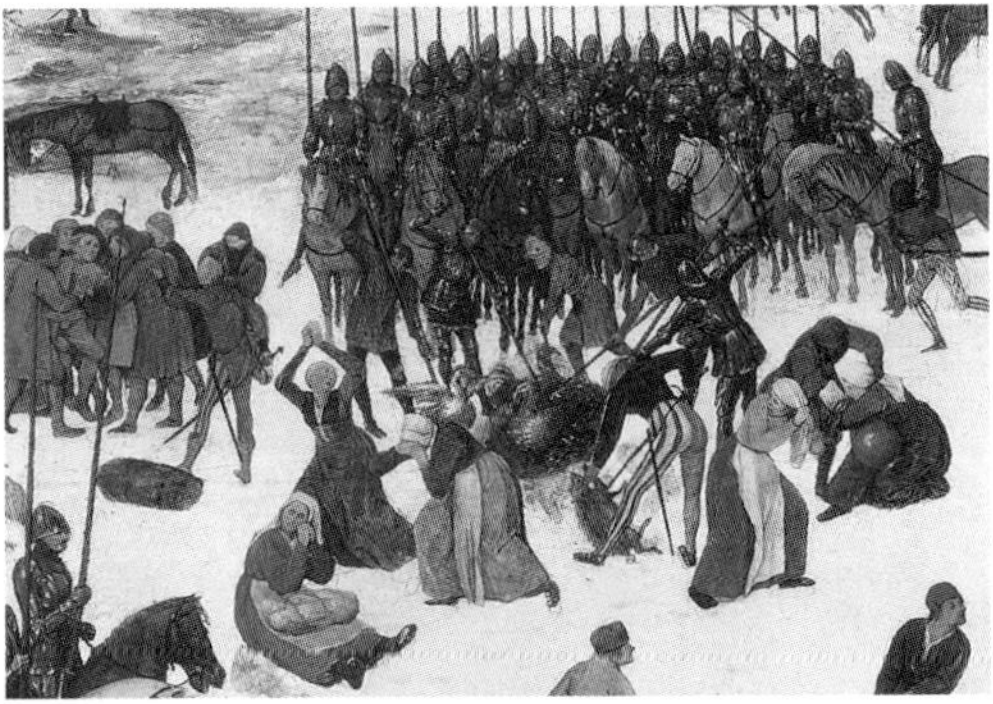

ピーテル・ブリューゲル『ベツレヘムの嬰児虐殺』（部分）


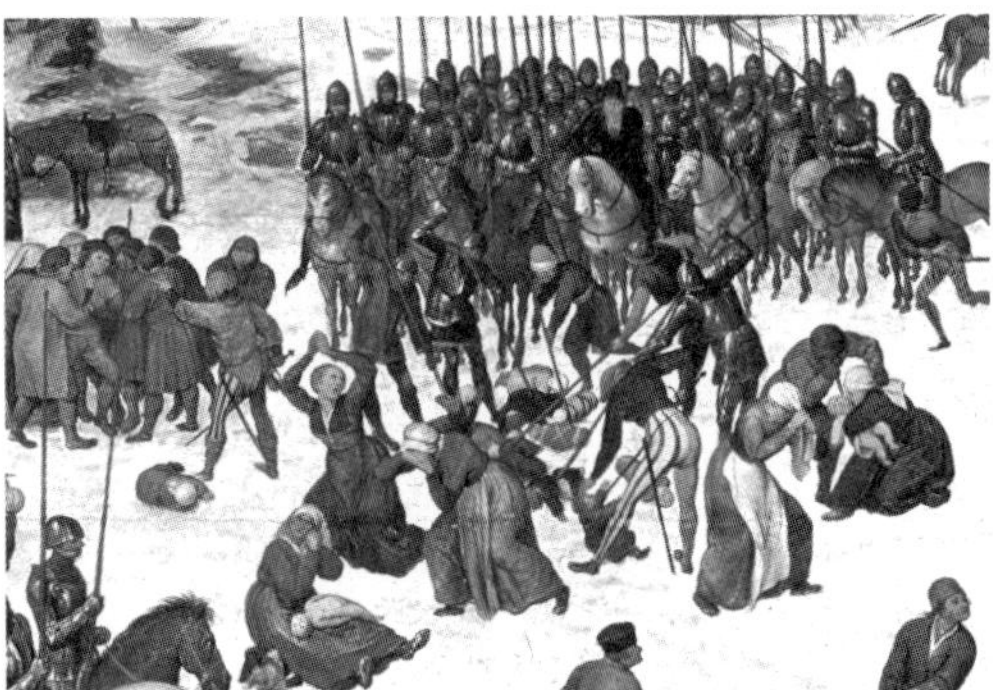

ピーテル・ブリューゲル二世『ベツレヘムの嬰児虐殺』（部分）
制作年不詳、ウィーン美術史美術館所蔵

絵は十七世紀半ばにロンドンへ送られたことがわかっているが、その時すでに筆が入っていたのか、それともイギリスの購入者が、買った者の権利として何をしてもかまわないと考えて直したのか。いずれにせよ、現在の修復技術でさえ全てをもとにもどすのは不可能（オリジナルの絵の具が剝落する危険があるため）な状態になっている。

誰のしわざにせよ、理由はだいたい想像がつく。幼い子どもたちが殺される場面は残酷だから消した方がいい、空も塗りかえ、少しでも明るくすべきだ、と考えた者がいたのだ。あるいは宗教上、ベツレヘムの嬰児虐殺は存在しなかったと信じる人間が、人々の間違いを正すためわざわざこの絵を手に入れて直した（確率的にはずっと低いだろう）。

ミケランジェロによるシスティナ礼拝堂壁画の裸体も、十六世紀に教皇の命令で下着をはかされたが（今は復元されている）、ブリューゲルのこの場合は、肝心要の主題を敢えて消し去った点で、罪はずっと重い。昔話のエッセンスそのものを変えるのに似ていよう。「蟻とキリギリス」のラストを、やさしい蟻がキリギリスに施しをしてみんながハッピーになったり、「三匹の仔豚」では、どの仔豚も狼に喰われるどころか仲良くなる、という自然を無視した結末へと捻じ曲げるように、嫌な現実、恐ろしい実態は見ない、見なければ存在しない、と思う心は偽善であろうに……。

とはいえ、昔話はその後またいくらでも訂正がきく。絵のように、一点ものというわけではない。

想像せずにいられないのは、この『ベツレヘムの嬰児虐殺』を描き変えるよう命じられた無名画家の気持ちである。当時は確かに絵描きの地位は低く、作品も「芸術」というより職人仕事と見なされてはいた。だが少なくともその職に携わっている者である限り、ブリューゲルがいかに大家であったか、彼の作品がいかに優れているか、この力作を完成させるのにどれほどの集中力と能力が必要か、わからなかったはずがない。

あれもこれも手を入れろと要求してくる、金と地位だけはあるがただの素人の言い分に、画家の心は強く反撥したに違いない。自分の好みや自分が良心と信じているもののために、作品を台無しにしようとする高慢さに怖れを抱き、抵抗したはずだ。だがその命令は絶対だったろうし、大金も積まれたであろう。弱い立場では、けっきょく呑まざるを得ない。自分がやらなくても、どうせ誰か他の画家がやらされるのだ。

彼は絵筆を持ち、この絵の前に立つ。この素晴らしい絵の前に立つ。そしてこれを描いたのが自分だったらどんなによかったか、こんな作品を生み出す能力があればどんなにいいかと思う。構図も人物も色彩もタッチも、どこにも全く直すべき点のないことに改めて驚嘆する。完全さに圧倒される。まともに熱風を受ける気がする。いったい自分は何をしようとしているのか。こんなことが許されるのか。何度も自問し、逡巡し、自己嫌悪し、だがついに彼は最初の一刷毛を入れたのだった、恐怖に震えながら。

――そうであった、と思いたい。

ピーテル・ブリューゲル（一五二五頃〜六九）は、『絞首台の上のかささぎ』（『怖い絵』参照）で触れたように、諺（ことわざ）や聖書を題材にしながら、常に自分が生きている時代の現実や問題を意識し続けた画家だった。

中野孝次の半自伝的エッセー『ブリューゲルへの旅』には、こう書かれている。

「民衆の日常だけを描いてきた彼が、フェリペ二世治下のネーデルラントにみちていた『慟哭（なげき）』『いとどしき悲哀（かなしみ）』に胸をえぐられなかったとは考えられないのである。死児を膝に号泣（ごうきゅう）する母親と、鬼の子の首でも刎（は）ねるように首切られる嬰児たちを描いた『嬰児虐殺』の酸鼻は、画家の現実であったに違いないのだ」

作品8

ヴェロッキオ

# 『キリストの洗礼』

*1473*年頃　テンペラと油彩　*177 × 151cm*
ウフィツィ美術館

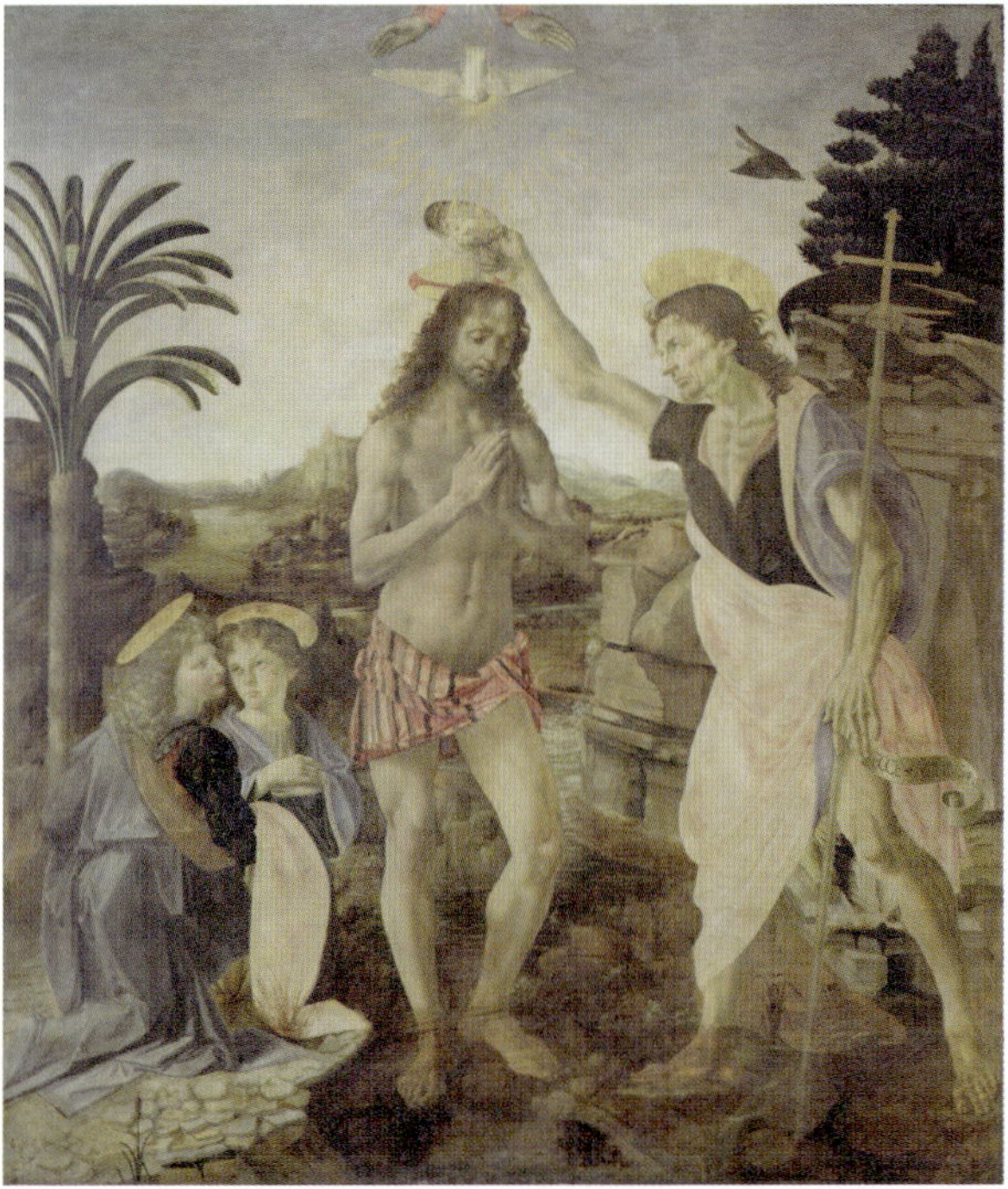

この絵は、何というか、ひどく……変だ。

これを描いたヴェロッキオという画家は、いったい絵がうまいのか、へたなのか、自作に満足したのか、それとも……。

見てのとおり、イエス・キリスト受洗図である。

マタイ伝によれば――

荒れ野の預言者ヨハネが、ヨルダン川の水で人々に悔い改めの洗礼と説教を行なっていた。そこへイエスも現れ、ヨハネから洗礼を受ける。イエスが水から上がると、突如、天が裂け、神の霊が鳩のように下ってくるとともに、「汝は我が愛する子、我が心に適う子」と声がした。

聖書中、よく知られたエピソードなので、これまでも掃いて捨てるほど絵画化されてきた。ヴェロッキオはほぼ慣例表現を踏襲しているが、洗礼に集まったという人の群れを描く代わりに、ふたりの天使を臨席させた点、また青々した棕櫚の木（楽園の象徴）の他は、背景を荒涼とさせた点が、新趣向といえるかもしれない。

十字架付きの長い棒を持っているのが、洗礼者ヨハネ。棒と左手が交差するところに、細いリボンのようなものがくるりと巻かれ（これは現代漫画の吹出しにあたる）、「神の仔羊を見よ」との銘文が読める。右手には椀を持ち、イエスの頭上へ聖水を垂らしている。ヨハネは荒れ野でイナゴと野蜜しか食べず、ラクダの毛皮を着て、野人のように暮らしていた、とされる。この絵はそれに従い、半袖シャツ風ラクダの毛皮を描き、あばら骨を強調して栄養不良を示す（その割には髭は剃っているし、髪はブローしたばかりに見えるが）。髭面で蓬髪なのはイエスの方だ。腰巻だけを付けた半裸で、目を閉じ、両手を合わせている（脚はリラックス）。上空から聖霊の白い鳩が降り、そのまた上には広げた手が見える。鳩を飛ばし、光を注ぐ、父なる神の手である。

イエスはこのとき推定年齢三十歳。ヨハネはそれより一歳年上だったらしい。ふたりとも余命は長くない。ヨハネはこのあとまもなくヘロデ・アンティパス（ベツレヘムの嬰児虐殺を命じたヘロデ大王の息子）に捕えられ、首を刎ねられるし（義理の娘サロメが首を所望したため）、イエスもさらにその数年後、十字架にかけられる。

そうなる運命のふたりが、洗礼し、洗礼される場に、天使たちが立ち会う。左端の、岸辺に跪く天使が持つのは、イエスの脱いだ衣である。この天使の姿！　これこそがこの絵の、最大の違和感のもとではないか。

絵画を鑑賞するとき、現代人は一作品一画家と考えがちだ。内容や構図、画面の大きさを決め、タイトルを付け、その絵を最初から最後まで仕上げたのは、たったひとりの芸術家だと――今がそうなものだから――つい思ってしまう。

だが芸術が完全に個人の表現となったのは、近代以降のことだ。それまでの画家は職人であり、ギルド（組合）を作り、集団で仕事を請け負うのがふつうだった。ルネサンスという天才讃歌の時代を迎えてさえ、そしてその後も長らく、芸術の共同作業は続いた。

十七世紀のルーベンスを考えればわかりやすいが、彼の名を冠した作品は二千点を超える。これほどの数をこなすには、重要な仕事は別として、あとは弟子たちにほとんど任せきり（それぞれ風景の得意な者、動物を描くのがうまい者、と手分けができていた）だから可能だった。本人は最初の構成、主要人物の顔、そして最後の仕上げに手を入れ、そうすることで全体にルーベンスらしさを出すのである。顧客はクレームをつけなかったのか？　そんなことはしない。彼らはルーベンス「工房」へ制作を依頼したのだから。

テーマについても、自分の描きたいものだけ自由に描くことができた者などごく稀だった。多くはパトロンの注文次第、つまり教会がパトロンの時代は磔刑図や受胎告知を、王侯貴族がパトロンになれば美化した肖像画を、市民がスポンサーだと安価な小型の風景画を、というふうに（もちろんそんな縛りの中でも、真の芸術家は独自の個性を発揮するわけだが）。

――一四七〇年代、フィレンツェ。この豊かな芸術愛好都市には、画家・彫刻家の工房が何と五十以上も活動していた。中でももっとも有力だったのが、アンドレア・デル・ヴェロッキオ（一四三五〜八八）率いる多角的な大工房だ。

ヴェロッキオはもともと金細工師として出発したため、画家というより彫刻家として名を馳せ、メディチ家の庇護を得て幅広い仕事に携わった。おおぜいの助手や弟子を抱え、絵画や彫像はおろか、装飾工芸品や楽器の制作、教会の釣鐘や大理石の水盤、馬上槍試合用の軍旗や兜、はては大砲だの仕掛け花火の注文まで受けており、工房内にブロンズ用の鋳造窯まで備えていたのだから、その規模の大きさが想像できよう。

ここにはまた、ボッティチェリ、ペルジーノ、ギルランダイオ、ロレンツォ・ディ・クレディなど、後世に名を残す才能ある若手が集合していたことでも知られる。ヴェロッキオは自由放任の親方だったらしく、弟子たちは互いに競い合い、刺激し合って、伸び伸びと自分の領分で働いた。

もうひとり、ボッティチェリより八歳下の、ヴィンチ村出身の少年も遅れて弟子入りしてきたが、この子は人目を惹く美貌と優雅な肢体、巧みに楽器を弾いて歌う声もすばらしく、自己流で描いたという持参の素描の出来もなかなかのものだった。期待どおり、数年後にはヴェロッキオ工房の有望株と見なされ、二十歳を迎えるころには、師匠の請け負った宗教画、この『キリストの洗礼』への参加も果たした。

絵を見直してみよう。

ヴェロッキオが、肉体のリアルな描写を目指したのは間違いない。先に触れたヨハネの肋骨をはじめ、四肢の筋肉の付き方に鋭い観察眼がうかがえる（弟子たちに人体解剖を勧めていただけある）。だが彫塑的に捉えようとしたのが裏目に出て、身体の動きはやや強張り、線的描写も粗いので自然ななめらかさが感じられない。また、聖者たちが足を浸す水の透明感に技巧の冴えが見られる一方、棕櫚の木は驚くほど様式的で凡庸な出来にとどまっている。

問題はしかしそういうことではない。誰もが漠然と感じたはずだが、ここには根本的な何かが欠けている。目には見えないが肝心の、たとえようなく大きなもの、つまり、この人物がイエスである、ヨハネである、と見る者を納得させる、ある種の超俗性、あるいは聖性と言おうか、霊性と言おうか、この場に必須の神々しさ、バルザック曰くの「なんでもないものが実は全てだ」という、その「なんでもないもの」に当たる、この絵の要が、決定的に欠落している。

イエスのぎこちない身体、何よりその顔は、もし頭に光輪が射していなければ、そのへんの有象無象のひとり以外の何者にも見えない。ヨハネの方はまだ幾分きりりとしているが、世俗を離れて何年も厳しい修業をしてきたとはにわかに信じがたい。両者の関係はまるで、情けなくなるほど気の弱い万年ベンチの野球選手と、それを叱咤激励する鬼コーチのようだ。ふたりの天使のうち、右の方もまた地上の存在でしかない。確かに愛らしいが、天上的というより、隣の家に住む可愛い子というに近い。

全体がそれでまとまっていれば、それはそれで人間くさい聖者たちとして身近に感じられ（今までにも例がなかったわけではない）、統一感がとれて良かったかもしれない。ところが左端にもうひとり天使がいる。この天使がいるばかりに、絵は大きく齟齬をきたし、聖性の欠落感がいやが上にも強調されてしまった。まさに奇蹟のようにひとり浮いているのが、この天使なのだ。

優雅で自然な身のこなし、輝く繊細な髪の毛、知的で高貴そのものの横顔、目の醒める気品。絵の中でここにだけ神的な光が当たっている。地味なツメクサの野に、たった一輪、天からふわっと真紅の薔薇が舞い落ち、あたりに芳香を放ったかのように。この美しい天使を手がけたのが、例の若い弟子、ヴィンチ村出身のレオナルドだった（遠景も彼が描いたらしい）。彼にとって、これが初めて油絵で完成させた像である。

ヴェロッキオはなぜ描き直さなかったのだろう？

この絵をヴェロッキオ作品と言わんがためには、天使を描き直すか、あるいは天使以外の全てを描き直すしかないわけだが、彼のしたことといえば……絵筆を折ることだった！

「レオナルド・ダ・ヴィンチの才能に驚いた師ヴェロッキオは、それ以来、絵を描くのをやめてしまった」――この言い伝えは天才伝説というより、多分に真実を含んだものではなかったか。なぜなら現実に、これ以降のヴェロッキオ絵画作品は見つかっていないからだ。

『キリストの洗礼』は怖い絵だ。同じ画面に、ありありと力量の違いを見せつける。技法や表現ばかりではない、努力だけでは如何ともしがたい、持って生まれた品格の差まで、ここには自ずからあらわれている。

「一流の人間は、超一流の人間につぶされる」といわれる。二流、三流の人間は己の実力を知らず、超一流との差を認識できないため、相手と同等と思い込んだり、努力すれば追いつくと楽観したりして、つぶされるには至らない。しかし一流ともなれば、己の力もその限界もわかり、圧倒的天才を前にすると完膚なきまでに打ちのめされ、萎縮して才能を伸ばせずに終わる懼れがある、そういう意味だ。

ヴェロッキオには、年若い弟子の天才が痛いほどわかったのであろう。レオナルドの方はただ自然に立っているだけなのに、ヴェロッキオにしてみれば、雲つくばかりの巨岩にいきなり立ちはだかられたように感じる。もはや自分が絵画の分野でレオナルドと肩を並べることはあるまいと、見切りをつけた。まだ三十七歳だったのだから、傑作を生み出す可能性もなくはなかったのに、「つぶされた」。

とはいえ、幸いというべきか、ヴェロッキオの本分は彫刻家だった。そしてこの後も、彫刻の分野で一級の仕事を残している（もし彼も絵画一筋であったら、もうひとつの『アマデウス』が生まれたかもしれない）。工房も繁栄させ続けたし、レオナルドとの関係も悪化することはなかった。人物としては大きかった証(あか)しであろう。

作品9

# ビアズリー『サロメ』

*1894*年　挿絵版画
プリンストン大学図書館など

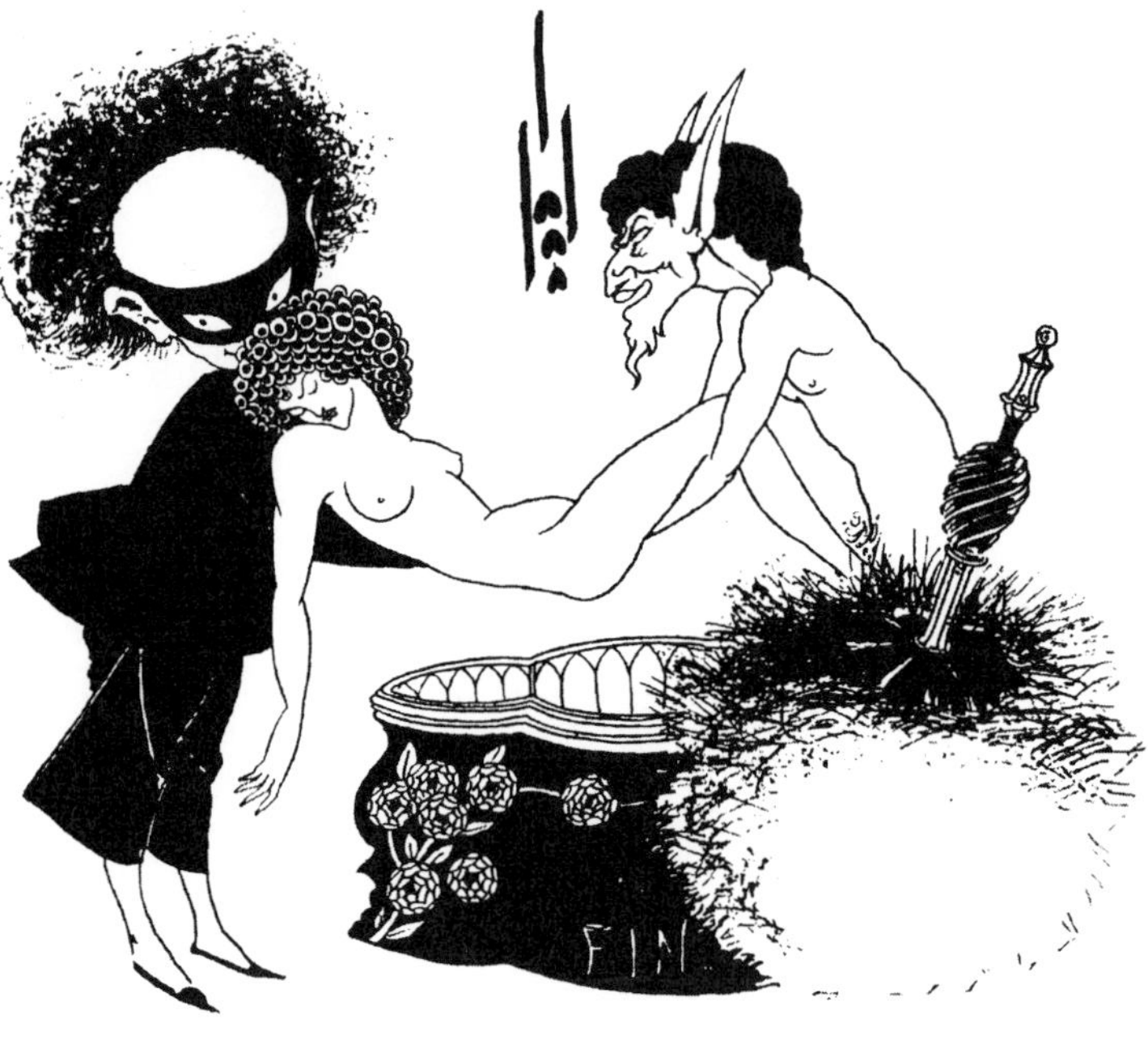
FIN

ぐったりした若い女性の痩せぎすの肢体は、命絶えてなおエロスを発散させている。装飾的なヘアスタイルに彩られた小さな、やや険のある顔は、苦しげに眉をひそめたままだ。上から逆向きハートがすうっと落ちてくる。失意の恋のあらわれだろうか？　それゆえに命を失くしたのか？

ふたりの異形の者が、遺体を華やかな――内側を布張りし、外側に花模様をあしらった――棺に収めるところだ。右側で彼女の脚を持ち、下卑た笑みを浮かべているのは、山羊髭と尖った耳からサテュロス（好色な森の神で、山羊の脚を持つ）とわかる。左側の、東洋風衣装に奇妙なチリチリパーマの丸頭は、目にマスクをつけている。サテュロスは「淫乱」、マスクは「悪徳」の象徴だ。巨大な化粧パフは「虚栄」であろう。どうやらこの死美人は、生前あまり誉められた人間ではなかったらしい。

――これは、イギリス耽美主義作家オスカー・ワイルドの一幕劇『サロメ』に、ビアズリーが入れた挿絵版画のうちの最後の一枚である。棺の側面に「FIN.」（お終い）の文字が見えている。

遺体はサロメだ。ヨハネの首を刎ねさせ、盆に盛った血まみれの首を前に嫣然と微笑む、悪名高きサロメ。

でもサロメは、ヨハネ伝説の中で死んではいないはずだが……。

そのとおり。だからこの絵は怖いのだ。幻想を破られた男が女に何をするか……。

まず、新約聖書によるヨハネ殉教のエピソードを見てみよう。

イエスにヨルダン川で洗礼を授けてまもなく、ヨハネはガリラヤの領主ヘロデ・アンティパスに逮捕され、投獄されてしまう。なぜならヘロデはヨハネの説教が人々に与える影響力を畏れ、また、私生活で痛いところを突かれて不快だったからだ。つまりこのヘロデ、兄を王座から追放したのみならず、兄嫁ヘロディアスまで奪って我がものにしており、「自分の兄弟の妻と結婚してはならない」との律法に反すると、ヨハネから糾弾され続けていたのだった。

そんなある日の、客人がおおぜい集う祝宴でのこと。ヘロデは妻ヘロディアスの連れ子にダンスを踊るよう求め、少女はみごとに踊って見せ、皆を感嘆させた。ヘロデが「褒美にほしいものは何でもやろう」と約束したので、少女は母に何をもらうべきか相談した。するとヘロディアスは、「ヨハネの首を」と即答した。

そこで少女が「盆に載せたヨハネの首がほしい」と答えると、ヘロデはためらったが、客人たちの手前、約束を守らざるを得ず、刑吏に命じてヨハネを殺させた。刑吏から盆に載せた首をもらった少女は、それを母に手渡した。ヨハネの遺骸は、弟子たちが引き取りに来て墓に埋めた。

これだけである。

意外や、サロメという名は出てこない。名無しで没個性、単に踊りがうまいというだけで、母親の言いなりに動く「少女」は、聖書ではなく、『ユダヤ古代誌』で初めて「サロメ」という名を与えられる。ついでながら事件当時サロメは十二歳くらい、この後二度結婚し、三人子どもを産んで平凡に暮らしたという。

聖書やユダヤ古代誌を読む限り、サロメたる少女にさして魅力はない。ヒロインはむしろサロメの母ヘロディアスの方であろう。夫の弟へ乗り換え、娘を利用して邪魔なヨハネを始末した彼女こそ、悪女と呼ぶにふさわしい。

初期の絵画は、したがって祝宴の場でヨハネが殉教するというテーマが主で、そこに母娘が居合わせ、娘が踊り、首を母に手渡す、というシーンがよく描かれた。ところがビジュアル的には、後ろで糸を引く子持ちの女性より、踊る乙女の方が派手だからだろう、次第にヘロディアスの姿は画面から消えてゆく。

やがてサロメのダンスシーンも飽きられると、「聖人の首を恐れ気もなく所望した若い女」というイメージが肥大化しはじめ、最終的には、ヨハネの生首とサロメがワンセットで前面に押し出されてくる。最初から首をほしがったのは、ヘロディアスではなくサロメだったかのように。

サロメを描いた画家は数知れない。有名画家だけでも、十四世紀のジョット、十五世紀のマサッチオ、リッピ、メムリンク、ヴェロッキオ、ボッティチェリ、十六世紀のデューラー、ティツィアーノ、クラナッハ、十七世紀のカラヴァッジョ、レンブラント、その後二世紀近い空白の後、十九世紀後半以降のドレ、モロー、シュトック、クリムト……。

面白いのは、絵画でサロメと首セットが定着（だいたい十六世紀半ば以来）した後も、文学ではまだヘロディアスが生き残っていた。ドイツの詩人ハインリヒ・ハイネの長編諷刺詩『アッタ・トロル』（一八四三）に、「幽霊の行列」が出てくるのだが、その場面には呪われた麗しの三大悪女として、月の女神ディアナ（アルテミス）、妖精アブンデと並んでヘロディアスが詠われている。しかも実に、実に、興味深いことに、ハイネが造型したヘロディアスはというと――

「両手には、いつまでも／ヨハネの首を載せた皿を持ち／そして、それに接吻する」「むかしヨハネを恋していたからだ」「そうでなければ、この女王の／情欲は説明されない――／恋してもいない男の首なんぞ／所望する女があるだろうか？」「そして恋に狂って死んだのだ。／（恋に狂う！　とは言葉の重複！／恋とはすでに狂気なのだ）」（井上正蔵・訳）

ワイルドの読者なら、おや？と気づくはず。恋と情欲、刎ねた首への接吻……これはワイルド版『サロメ』の世界そのものだ。明らかにワイルドは、ハイネの詩にインスピレーションを受けている（ハイネはすでに世紀末のデカダンを先取りしていた！）。ただし、恋する男の首をほしがる女を、ヘロディアスからサロメへ、つまり成熟した女性から処女へ変更した。その方がはるかにインパクトが強くなる。

---

サロメ像を決定づけた、ワイルドの絢爛豪華な戯曲『サロメ』（一八九三）は、こうだ

舞台に月が出ている。主要人物が皆、登場するたびこの月に言及するのだが、それがそのまま彼らの性格や思いをあらわし、ワイルドの作劇の巧みさに唸らされる。まず侍童が「死んだ女みたいだ」とラストを暗示。サロメに恋する護衛隊長が、「銀の脚をした小さな王女が、踊りをおどっているようだ」と言う。サロメはといえば、「冷たくて清らかだ。きっと一度も身を汚したことがないに違いない」と月に自らを重ねる。サロメに好色な関心を抱くヘロデ王は、「恋人をさがす狂った裸の女みたいだ」と言い、現実主義者の妻へロディアスからぴしゃりと「いいえ、月は月に似ている。それだけです」とたしなめられる。ついに最後まで月に無関心なのは、ヨハネだけである。

物語は、サロメが舞台へ走り出てきて動き出す。祝宴の場で、母の二度目の夫であり、義父であり、叔父でもあるヘロデから、好色な目を向けられるのが嫌で、逃れてきたのだ。そこには古井戸があり、ヨハネが閉じ込められていた。気まぐれを起こしたサロメは護衛

隊長に命じ、荒れ野の聖人を外へ引き出させるが、一目見るなり夢中になる。

ところがみごとなまでに相手にされない。美貌も、王女という身分も、聖人ヨハネには何の神通力もない。サロメは拒まれれば拒まれるほど狂おしい思いにかられ、どんな自堕落女でさえ口にしないような露骨で性的な言葉で誘いをかける。傍で見ていた護衛隊長は衝撃を受けて自殺し（夢見る男の典型か）、ヨハネも古井戸の中へ引っ込んでしまう。

次いで、ヘロデが妻や客人たちを引き連れて登場。この一件を知らない彼は、邪心を隠しきれず、サロメにダンスを所望した。サロメは最初しぶるが、ほしいものは何でも与えるとのヘロデの言葉に、「七つのヴェールの踊り」（衣服を一枚ずつ脱いで踊るストリップティーズと考えられている）を披露し、皆を悦ばせる。その後、褒美に国の半分をやるというヘロデの頼みを無視し、母ヘロディアスに相談することもなく、あくまでヨハネの首に固執して手に入れる。

ビアズリーがこのシーンに挿入した絵には、ヨハネの前髪をむんずと摑み粘つく血に指をひたすサロメの、鬼気迫る姿が描かれている。一見テーブルに見えるが、これは盆で、地下の古井戸からぬうっと伸びた、首斬り役人の黒鬼のごとき腕に載っている。

「ぼくの目的はただひとつ、グロテスクであること」――ビアズリーのその意図は間違いなく達成されていよう。

さて、サロメは男根の象徴たる首を手に入れると、「なぜ生きているときわたしを見なかったのか」「わたしはお前の身体に飢えていたのに」と憑かれたようにキスを浴びせるのだったが、その狂態に怖気づき、嫌悪したヘロデは、兵士たちに命じてサロメを楯で圧死させる。

こうしてワイルド版では、サロメまでも殺されて終わるのだ。

なにゆえサロメは死ななければならなかったか？

ヨハネの首を望んだから？　違う。ヘロデはいずれヨハネを殺すつもりであったろう。聖書のエピソードでも、考えようによっては、ヘロデとヘロディアスが仕組んだヨハネ殺しだった可能性もある。ヘロデは民衆の反撥を恐れて処刑を引き延ばしていただけだから、おおぜいの客人の前で約束を守ったという形を取れば、邪魔者を抹殺するのにこんな都合のいいことはない。ヨハネの死はいずれ免れられないものであった。

ではなにゆえサロメは死ななければならなかったか？

ヘロデの嫉妬？　サロメが自分ではなくヨハネに恋したから？　それも違う。ヨハネの首に恍惚となるサロメを見て、ヘロデが感じたのは妬みや怒りというより、おぞましさ、忌まわしさ、そして恐怖だった。「この子は怪物だ」と、彼は吐き捨てるように言う。

殺したいほどの嫌悪感は、いったいどこからきたのだろう？

それはサロメが、未だ男と床を共にしたことのない無垢の乙女、清らかで穢れなき処女

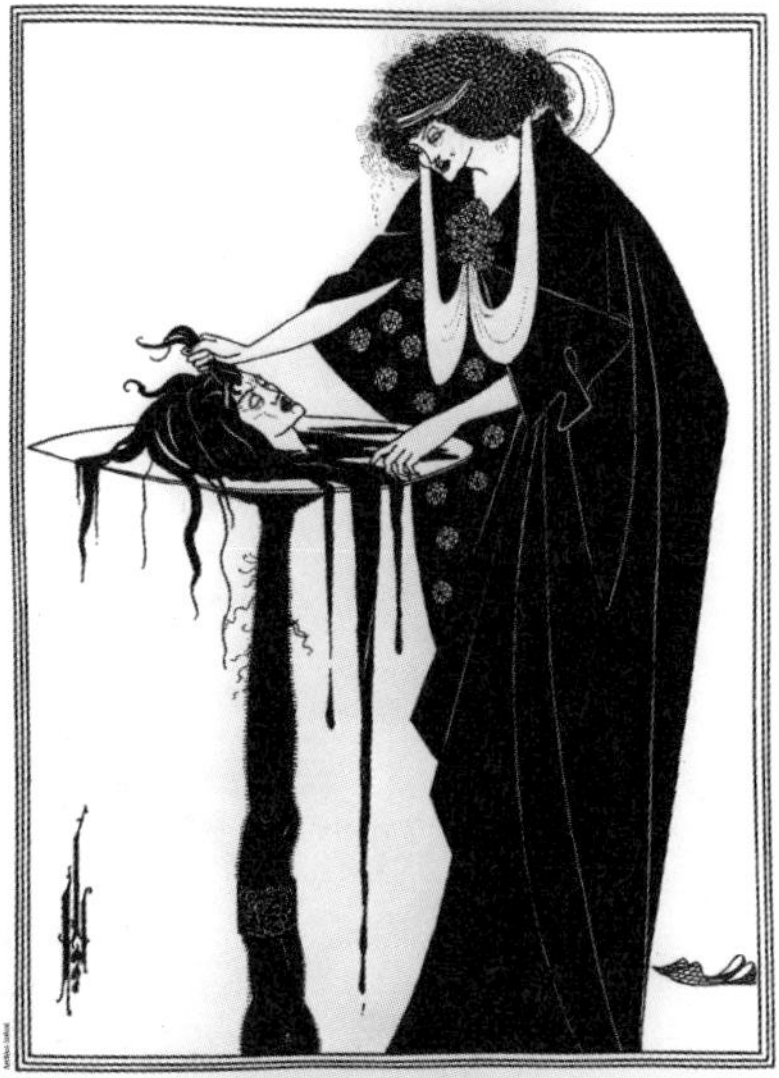

ビアズリー「踊り手の褒美」（『サロメ』挿絵）*1894*年

だったからだ。男たちは——ヘロデも護衛隊長も根は同じ——何も知らない少女に性的欲求はない、汚濁と無縁、と信じたがる。男と同じ欲望は、結婚して初めて生じるものと安心したがる。己の幻想の中に、少女を囲い込もうとする。

だからワイルドのサロメは、衝撃的なのだ。ぎらぎらした欲望の虜になった処女、一度も経験がないのに官能の歓びを先取りした娘、これは（男にとって）脅威であり、怪物以外の何ものでもない。だからサロメは殺されねばならなかった。

全くの話、男性側の勝手な幻想で殺されたり、死んで当然と思われては敵わないが、これは世紀末の歪な悪女幻想の一環であった。先に触れたように、サロメ図は十七世紀の終わりから世の関心を完全に失っていたが、二世紀を経て再び蘇ったのは、写実主義や印象主義にあきたらず、精神世界や神秘幻想に突き進んだ一連の象徴主義や幻想主義の画家たちが、題材を神話や文学に求めたことからきている。

とりわけ好まれたのが悪女たちで、男の血をすする吸血鬼女、魔術によって男を惑乱させる魔女、漁師を海へ引きずり込む人魚、美女の顔と胸を持ち誘惑し喰い殺す怪物スフィンクス、そして男の首を斬るユーディトとサロメ……。

人を殺めかねない危険な女性は、一面また大いに欲情をそそる存在でもある。男たちは、そんな女性の官能の虜になってみたいと思う。ただ困るのは、そんな女性の寿命である。官能は、いかんせん鮮度が落ちやすい。愛は持続可能だが、官能はほんの短い「瞬間」ときつく捩じり合わさっている。決して長続きしないのが、官能の定めなのだ。

よってサロメのように淫乱で悪徳の処女は、若いまま葬るに限る。

オーブリー・ビアズリー（一八七二〜九八）が『サロメ』の挿絵を担当したのは二十一歳。華々しい登場であった。保守派からは酷評されつつ、まもなく「ビアズリーの時代」と呼ばれる人気を博したが、思わぬところで足をすくわれる。ワイルドが男色事件を起こし、投獄されるという大スキャンダルに巻き込まれたのだ。ビアズリー自身は無関係だったが、世間はそう見てくれず、一時国外へ逃れるという災難にあう。しかも結核のため二十五歳で若死。

作品10

ボッティチェリ

# 『ホロフェルネスの遺体発見』

*1470*年頃　テンペラ　*31 × 24cm*
ウフィツィ美術館

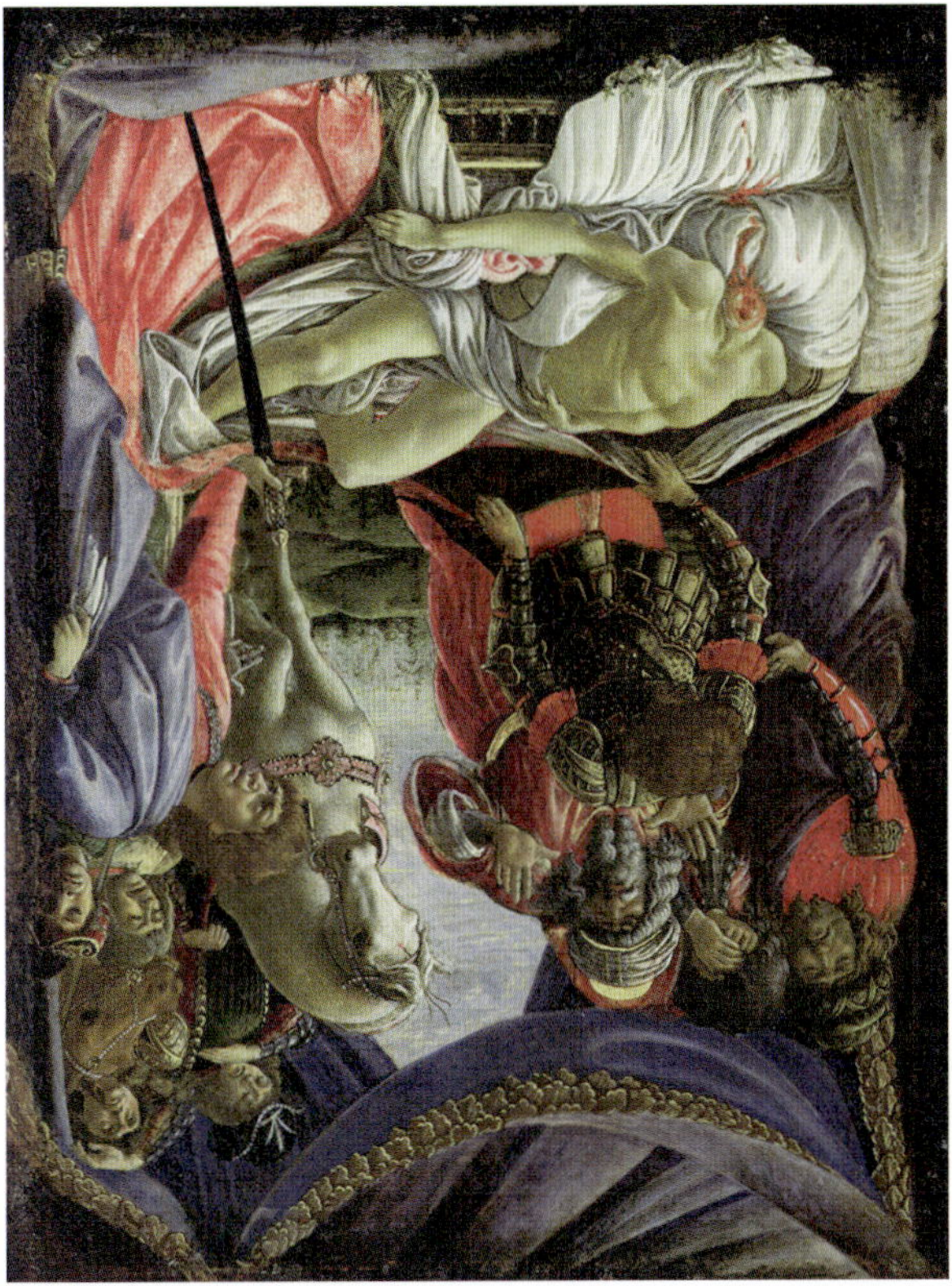

凄愴な事件現場だ。

簡易ベッドにころがる首なし死体。血まみれのリアルな切断面に、いやでも目がゆく。滴り落ちる血の量は存外少ないが、それを補うかのように、赤い布が足もとにぱっと広がっている。

生きながら首を斬られ、暴れたのだろう、シーツはよじれて幾重にも襞を重ね、そこここで渦を巻き、切断された付け根部分の丸さをリフレインしている。とりわけ右腕の内側にある渦は、形状がそっくりなばかりでなく、血を吸って薄桃色になり、よけい酷似して見える。

一方、残された胴体から、まだ死臭は漂ってこない。なめらかな若い肌、しなやかな筋肉、均整のとれた四肢、まるで眠っているような温もりすら感じられ、今にも伸びをしながら立ち上がるのではないかと思える。殺されてまだそう時間がたっていないのだ。空が明け初めているところからして、寝込みを襲った真夜中の凶行だったに違いない。

狭いテントの中である。たっぷりした房付きの豪奢なカーテンがめぐらされ、身分高い人間の野営用寝所と知れる。鎧を着た従者らしき男が——彼が第一発見者なのだろう——毛布をめくり、皆に見せている。首がなくとも、裸であっても、それが誰の遺体かはすぐわかる。なぜならここは軍の総大将ホロフェルネスのテントだからだ。

従者の後ろに立つ髭の異教徒風衣装の男が、驚いたときのお決まりのポーズ（手のひらを前に広げる）をとり、さらにその後ろでは、両手で顔を覆って歎く者もいる。肩を落とす者、天をあおぐ者、茫然とする者、誰も彼もショックを隠せず、時は一瞬、凍りつく。

その凍りついた瞬間を強調するのは、遠近法をほとんど無視して、死体をのぞく九人もの人物と二頭もの馬がひしめく、縦長の窮屈な空間だ。さらにこの構図は鑑賞者を画面へ引きずり込む作用もあり、我々は否も応もなく流血の現場に立たされてしまう。画中の男たちの仲間にされ、目の前の惨殺死体とまともに向き合うはめになる。

犯人は誰か？

これまた遺体発見の瞬間に、誰もがすぐわかった。さっきまでここにいたのに、今はいない者、敵国の女、ユーディト、彼女のしわざだ！

つまりこの絵は、『ホロフェルネスの首を斬るユーディト』（『怖い絵』アルテミジア・ジェンティレスキの章参照）の、いわば合わせ鏡なのだ。前回はユーディトの側から、今回はホロフェルネスの側から、事件が語られている。

おさらいすると——アッシリア軍がユダヤの町を完全攻囲し、あとはただ降伏を待つばかりという状況がまずあり、そこへユダヤの裕福な寡婦ユーディトが、敵の大将ホロフェルネスの野営地へ侍女ひとり連れて現れる。祖国に見切りをつけ、こちらへ寝返りたいというその言葉を、勝利目前のホロフェルネスは余裕綽々で受け容れる。そして数日後、華やかな宴を催し、夜半に彼女を自分のベッドへと招き入れ……その結果が、これだ。

ユーディトは最初から寝首を掻くつもりでやってきた。なのにホロフェルネスはたやすく色香に惑わされ、おまけに肌を合わせた女が自分を裏切るとは信じたくない男の常で、無防備な裸をさらして眠り込んでしまった。筋肉で盛り上がるその身体は、頭をメスに喰われながらなお交尾を続けるカマキリのオスのように、まだ死にきれないでいる。そんな大将の遺骸を見下ろす部下たちの胸によぎるのは、敗戦の予感であったろう。

実はこの絵には対になるもう一枚があり、こちらは意気揚々と町へ帰るふたりの女――右手に剣、左手に平和の象徴たるオリーブの小枝を持つユーディトと、布にくるんだ生首を頭に載せて運ぶ侍女――が描かれている。空の色によって、ちょうど遺体発見と同じ刻限なのがわかり、野営地がはるか遠くに見えることから、たとえ追いかけられても逃げ切れることがほのめかされている（事実、アッシリア軍はこの後、蜘蛛の子を散らすように敗走した）。

注目してほしいのは、布にくるまれたホロフェルネスの首、正確には顔である。白い口髭と白髪がはっきり描かれ、大部隊を率いる猛将にふさわしい威厳を示す。どう見ても四十歳以下ということはないだろう。とすると、ベッドに横たわっていた若々しい胴体とは、明らかに矛盾している。この首にあの身体では、整合性を欠く。

では別人？　いや、へたなミステリ小説ではあるまいし、そういうことではない。そうではなくて、画家は旧約聖書外典の物語を利用して、自分の描きたいものを描いたと思われるのだ。

——美術用語に「トルソ」という言葉がある。もとは「木の幹」「胴体」を意味するイタリア語で、頭部や手足のない胴体部のみを造型した彫刻や絵画、またその概念を指す。現代ではトルソは、「不完全でありながら完全な芸術作品」と見なされている。あるべき部分が欠けていれば鑑賞者は不安になり、「無いものを補完しよう」との無意識を働かせるので、そうした各人の想像によって完成された作品こそ最高の「美」のはずだ——との考え方からである。『サモトラケのニケ』や『ミロのヴィーナス』を挙げればわかりやすいだろう。

この考えが定着するのは十九世紀に入ってからといわれるが、ミケランジェロが『ベルヴェデーレのトルソ』に魅了され、幾度もデッサンをくり返すなど、すでにルネサンスにトルソそのものの美、つまり欠けていても美しい、あるいは欠けていること自体が美しい、との認識がなかったわけではない。

何といってもトルソという概念は、このルネサンス期に、古代ギリシャ・ローマ彫刻が続々発掘されたことに端を発する。古代遺跡から彫刻を発掘作業する際、強度のある胴体部分は無疵でも、細すぎたり接合部分の弱い四肢や頭部は破損・紛失することが多く、そんな不完全な状態にありながらなおそのプロポーションの素晴らしさが感じられたため、胴体だけでも愛でる価値ありということで、トルソの魅力が発見されたのである。

肉体に対するこうした拘りは、日本人にはわかりにくい。もともと日本人の身体は欧米人に比べてはなはだ厚みに乏しく、胴体を「中身がぎっしり詰まったマッス（塊り）」と認識するよりは、「からだ」イコール「から（空）」であって、魂が抜ければ虚ろになり、衣装をまとって初めて自分の身体と捉えられるという程度のものなので、マッスとしての裸体、ましてやトルソを美的に鑑賞するという文化はなかった（今もまだないといっていいのでは…）。

そこで「魂とは形態のことであり、肉体を創り出すものである」（スペンサー『美に捧げる讃歌』十六世紀）などと聞かされれば大いに面喰らうわけだが、それでも西洋芸術の受容の過程で、そのような考えもあるのかな、と頭では何とか理解できるようにはなってきた。となると、このルネサンス時代の絵画『ホロフェルネスの遺体発見』における筋肉質の屍体が、「重厚なる肉体は英雄の属性」との思想に適っているばかりでなく、まさにトルソとしての美までも備えているのが納得される。

美しいトルソだからこそ、血で汚すのは避けられたのだ。眠っていたとはいえ、首に剣を当てられたホロフェルネスは跳ね起き、夥しい血を噴き出しながら、もがき、暴れ、激

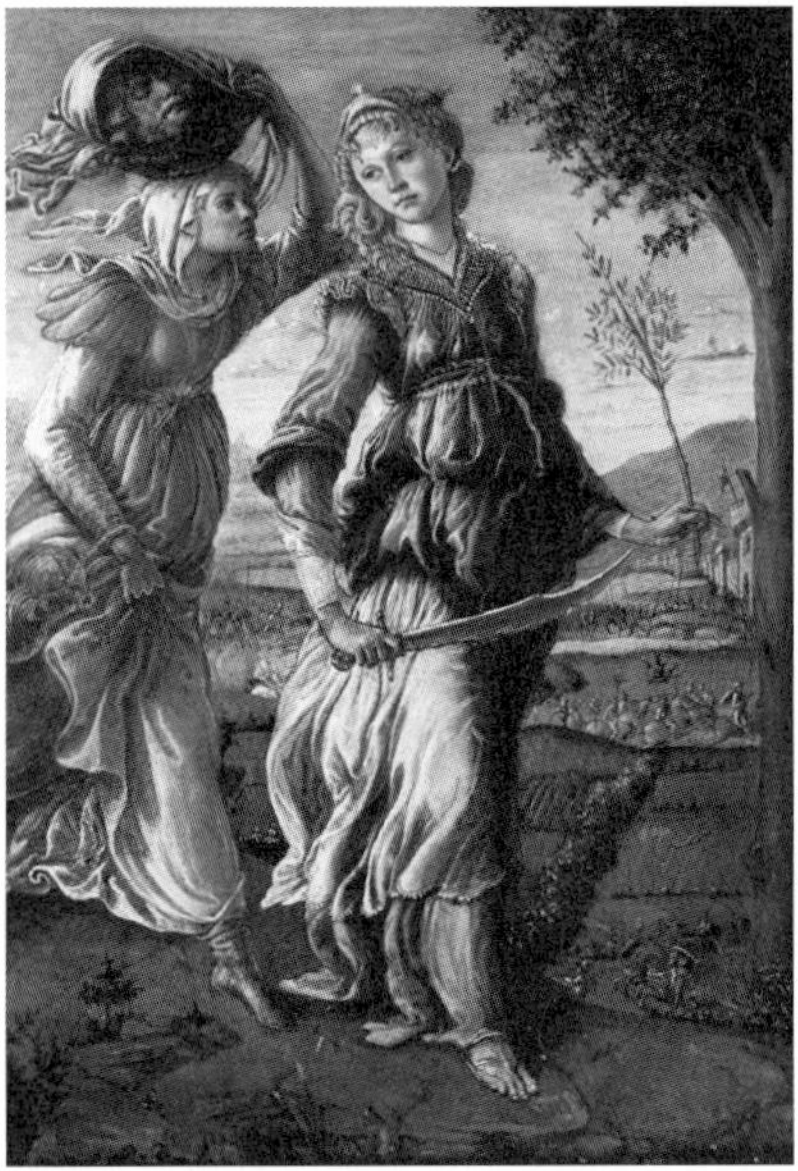

ボッティチェリ『ユーディトの帰還』*1472*年

しく抵抗したに違いない。それはシーツの乱れから確かで、にもかかわらず手にも胸にも一滴の血の染みもない。トルソの鑑賞に邪魔だからだ。

ではリアリズムは放棄されているのかといえば、そんなことはない。ボッティチェリは——そう、これは、あの夢のように美しい『ヴィーナスの誕生』（『怖い絵3』参照）の画家の手になる作品だ——首の付け根の切り口だけは、冷静な観察眼による迫真性をもって正確になまなましく描いている。

ここでようやくこの絵のほんとうの薄気味悪さに行きあたる。ボッティチェリはトルソの美を目指した。しかしそのトルソは、発掘されたギリシャ彫刻、冷たい大理石のそれであってはならない。温かな血の通っていた、つまりかつては人間であり、今は物体へと変貌しつつある、そんなトルソでなければならない。トルソ自体が個性を発し、首もないのに自己主張する、化け物めいた、だがたまらなく官能的な存在でなければならない。

そしてその意図は達成された。

ボッティチェリは、拷問された裸体、絞首や斬首になった屍体、切断された四肢、解剖で切り開かれた内臓を、何度も見て知り抜いている。政治犯処刑図の依頼を受けて研究したからで、その成果は『神曲』〈地獄篇〉などの残酷なシーン、痛めつけられる肉体の数々にも見て取れる。つまり描き慣れていた。しかも彼の優雅な線描は、ぎりぎりのところでグロテスクに堕すことをまぬがれている。

この作品の、凄惨(せいさん)さによって美しさをいっそう増した魅惑のトルソは、ボッティチェリだからこそ描きえたのである。

『ユーディトの帰還』『ホロフェルネスの遺体発見』という、この一対の板絵は、ともにわずか三一×二四センチという小型で、額縁に入れて壁に飾られていたのではなく、手箱か皮ケースに大切に保存されていたらしい。誰がどのような目的で依頼したかは不明だが、ごく私的な所有物として時たま取り出して鑑賞されたと考えられている。

ホロフェルネスの物語という枠組みの中にある、美しい青年の新鮮な首なし死体を、ネクロフィリア（死体嗜好(しこう)症）が密(ひそ)かに愛でていた可能性も……まあ、なくはない。

サンドロ・ボッティチェリ（一四四四〜一五一〇）は、メディチ家という大パトロンを後ろ盾に、十五世紀後半のフィレンツェ美術を代表する画家として名声を馳(は)せた。時代は血なまぐさく、その一方でまた燦然(さんぜん)と美に輝いてもいた。この絵のように。

作品11

ブレイク

# 『巨大なレッド・ドラゴンと日をまとう女』

*1803～05*年　水彩　*43 × 34cm*
ブルックリン美術館

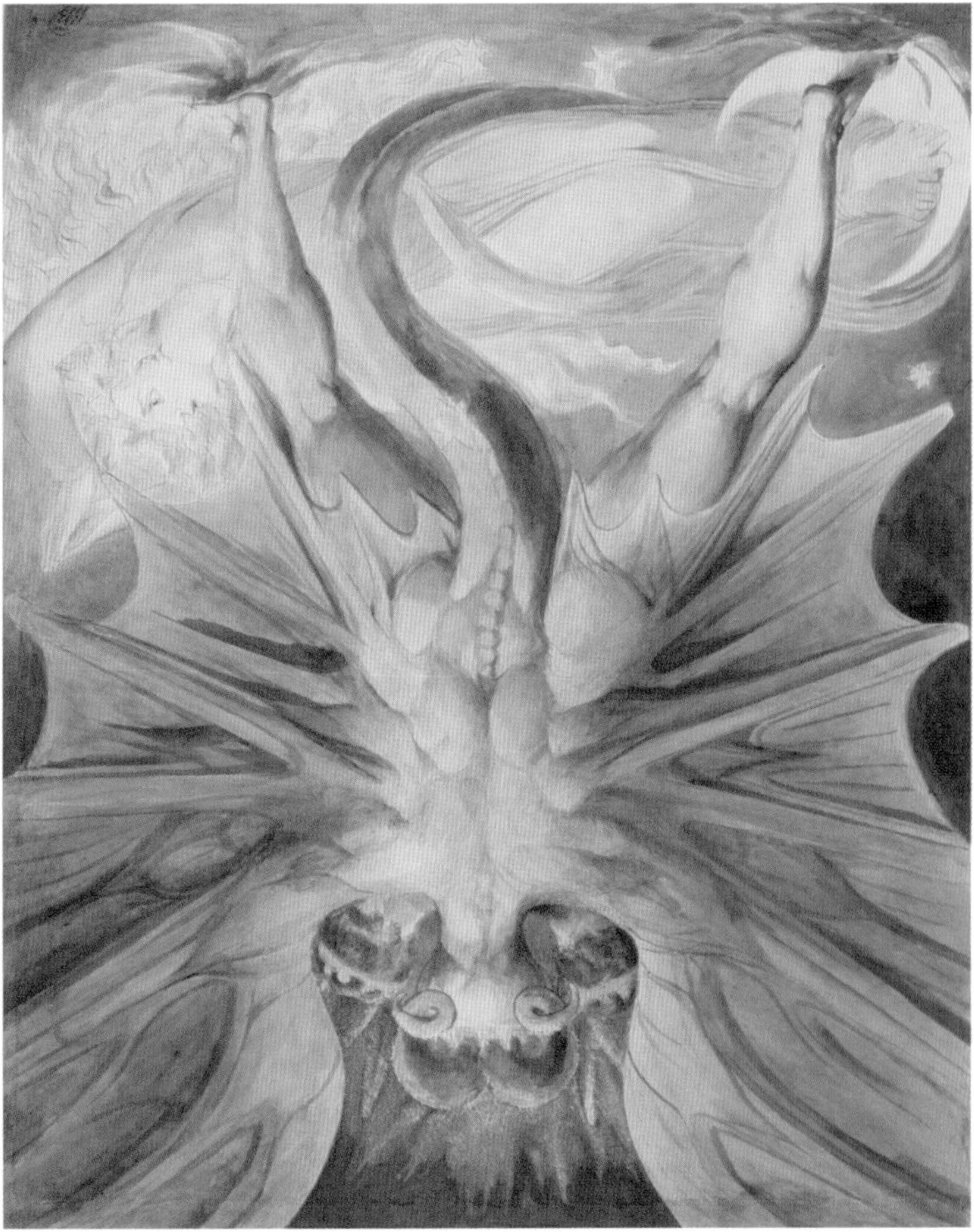

巨大な多頭のレッド・ドラゴンは悪魔的存在の化身であり、竜と人とが合体した異形の怪物で、今しもコウモリのような不気味な翼を思うさま拡げ、横たわる美女を威嚇している。

筋肉隆々たる背、尻、脚はボディビルダー並み、両脚を大きく踏ん張るそのポーズは明らかに自分の男性性の誇示であって、その太く逞しい尾は長く伸び、女性の下半身に絡みつく。恐怖に目を見開いた彼女は、長い金髪を太陽のように揺らめかせ、哀れみを乞うように頭上で両手を合わせている。

悪夢のようなこの光景は、『ヨハネ黙示録』の一場面を描いたものだ。曰く——

日（太陽）をまとう女が、十二の星をちりばめた冠をかぶり、足を月の上へ載せ、子を産む苦痛に泣き叫んでいた。そこへ七つの頭に七つの冠をかぶり、十の角を持つレッド・ドラゴンが現れる。ドラゴンは尾で天の星の三分の一をかき集め、地へ投げ落とす。それから女の前に立ち、子どもが生まれたら喰おうと、待ちかまえた。

レッド・ドラゴンの頭部に目玉のように見えるものは、頭頂から突き出て後頭部で渦を巻く大きな二本の角だ。冠をかぶった複数の頭が肩の向こうにのぞき、女性を見下ろしているのがわかる。妊娠中の女性の腹部は、曖昧にぼかされている。身体の周りに幾つかの星がまたたき、両足の下には三日月が描き込まれ、背景の宇宙的雄大さ、『黙示録』に書かれたこの世ならぬ気配がみごとに捉えられ、わずか縦四三センチ横三四センチの小品とは思えない迫力である。

この水彩画は二百年も昔の作品なのだ。信じられるだろうか？

二百年前といえば、フラゴナールもゴヤもまだ存命中で、ダヴィッド、フリードリヒ、フュースリ、ターナー、アングルらの時代である。彼らの作品とこれとを比べれば、違いは一目瞭然だ。筆のタッチ、色彩、独特のリズムを奏でる線描、いや、むしろどこがどうと言いにくい全体の雰囲気、怪奇と不安の斬新な感覚が、同時代のそれと全くかけ離れている。

これでは生前、世に理解されなかったのも当然であろう。

ロンドン生まれのウィリアム・ブレイク（一七五七〜一八二七）は、幼少時から異常な幻視を見たことで知られ（樹下に天使たちが座っていると言い出したのが最初だった）、変人、場合によっては完全な狂人、と見なされていた。

彼の予知能力を立証するものとして、次のようなエピソードが知られている。父親はブレイクを画家にしてやりたかったが貧窮のため叶わず、版画家ライラントの工房へ弟子入りさせることにした。ところがライラントに会ったこの十四歳の息子は、「あの人の顔が嫌だ。いつかあの人は首を吊られて死ぬよ」と言い、別の版画家の工房へ入る。十二年後、ライラントはほんとうに紙幣偽造の罪で絞首刑になった！

また弟が死ぬときにも、「彼の魂が喜びあふれて昇天するのを見た」し、彩飾印刷本——自作の詩、エッチング、水彩画を一体化させた作品——のアイディアは、弟の霊のお告げによるものだった。イザヤやエゼキエル（紀元前の預言者たち）とは食事を共にしたし、肖像画を描いているとモデルと自分との間に別の、とうに故人となったはずの人物が立ち現れたので、そちらの顔を描いてしまった等々、エピソードにはこと欠かない。スウェーデンの神秘主義者スウェーデンボルグの研究会に名を連ねたし、知人の占星術家に勧められて『幻覚の肖像』を五十枚も描いた。有名な『蚤(のみ)の幽霊』（これまた怖い）はその中の一枚である。

今でこそブレイクは、ロマン主義の先駆けとなった詩人にして画家、さらには神秘思想家と認められ、さまざまな芸術家たちに多大な影響を与えているが、生きている間は、自分よりずっと劣る作家や画家のために挿絵や版画を制作しなければ暮らしてゆけなかった。妻だけは彼の天才性を一貫して疑わなかったし、晩年のわずかな年月とはいえ彼を崇拝する若い芸術家たちが集まってくれたものの、けっきょくは無名、貧困のうちに亡くなった。

自らの死後の名声を予言していたブレイクは、同時代人に認められなくとも耐えられたし、友人の数が極端に少なかったにもかかわらず、自分の墓碑銘にはこう記した――「私が埋められたのは、この水路のほとり／だから友人たちは、思う存分泣けるだろう」（友人たちの涙の量の多さを誇る、ブレイクらしい自惚れ）。

『巨大なレッド・ドラゴンと日をまとう女』へもどろう。

グロテスクなまでに過剰な筋肉を鎧のごとく身につけたこのドラゴンは、『黙示録』中の竜の記述を逸脱し、人間の男の、それも男性優位主義的な力の誇示に走る男のナルシシズムと狂気を露呈している。この絵を見て、単に女の産む子を喰おうとする竜の姿と思う者は誰もいないだろう。強烈な性的エネルギーが横溢しているからだ。

これは、か弱い女性の怯えを楽しむ怪物の姿である。無力感にうちひしがれた女性を我が身と感じれば、これほど怖い絵はない。しかし怪物にやすやすと我が身を重ねることのできる者にとっては……。

「はじめてその絵を見たとき、彼は度胆をぬかれた。彼の考えをこれほどまでに絵として表わしたものは見たことがなかったからだ。なんだかブレイクが彼の耳を覗きこんで、まっ赤な竜を見たにちがいないという気がした」

トマス・ハリスのサイコ・サスペンス『レッド・ドラゴン』（小倉多加志・訳）の一節で

ある。「彼」とは、この小説に登場する連続殺人鬼で、ブレイクの絵に衝撃を受け、背中一面にドラゴンを模したタトゥーを施している。

「彼」は母に捨てられ、精神を病む祖母に虐待を受けながら育った。成人した後は、自分の顔の醜さ、自信のなさ、弱さを補うため、必要以上に肉体を鍛え上げてきたが、内に蠢く衝動の激しさをどう放出すべきか知らず、長く悩んでいた。そこへブレイクのこの絵が目に飛び込んでくる。霊感のように為すべきことを知らされる。「彼」は筋肉をさらにタトゥーで飾りたて、「成るべく存在へと変身する」のだ。

身の毛もよだつ一家惨殺が始まる。「彼」がターゲットにするのは、社会的に成功した夫と美しい妻、そして可愛い子どもたちのいる幸せな一家だ。寝込みを襲い、夫と子どもたちを刺し殺す。妻には致命傷を与えるがすぐには殺さず、レイプした後にゆっくり絞殺するのだ。その際、死んだ子どもたちをベッドの周りに並べ、彼らの目に鏡の破片を嵌めこんで観客に見立て、自分の勇姿をちらちら眺めながら殺人を楽しむ。「彼」はこの瞬間レッド・ドラゴンとなり、「日をまとう女」を彼女の恐怖ごと我が物とする。

「彼」が本来攻撃すべき相手は母であり祖母であり、自分を嘲る人間たちであり、もっと言うならば、自分を満足させられない自分自身のはずなのだが、それができずに捻じ曲がり、しかも長い抑圧期間を経ていっそう異常な表出の仕方となる。そのくせどれほど狂気の中にあっても自己保存の部分においては正気を保ち、自分より強い者、報復しそうな者に対しては正面攻撃を避け、弱い者、無防備な者へと矛先を向ける。ほしくても得られなかった幸せな家族という象徴、そこに性的欲望も絡むので、標的は必然的に子持ちの若く美しい女性となる。その女性にたっぷり恐怖を味わわせて興奮することで、自らの弱さと恐怖を克服する。

その興奮は、当然ながら長くは続かない。方向が正しくないのだから、ほんとうの意味での満足は決して得られない。すぐまた同じことをくり返さなくては、見えざる恐怖に自分が呑み込まれてしまう。こうして「彼」はエンドレスに殺人を続け、「終わりなき夜」（ブレイクの詩句）を重ねるしかない。

ハリスの『レッド・ドラゴン』は、一枚の絵が破壊的な影響力を及ぼす過程を描いて非常な説得力がある。同タイトルで二度映画化されており、アンソニー・ホプキンスがレクター博士を演じた（『羊たちの沈黙』はアカデミー賞を取ったので、見た人は多いだろう）シリーズの三作目だ。背中のタトゥーは、渦巻き型の角を原画より大きくし、多頭を本人の頭に見立てているため、角が肩から生えているという形になったのはやむを得まい。「彼」を演じたレイフ・ファインズは、レッド・ドラゴンへの変身時の恍惚や自我の分裂への恐怖を、これまた異様なエネルギーで表現して鳥肌が立つ。

何にせよ、小説も映画も、ブレイクが二百年前に描いたこの絵に漲る恐怖あってのものである。

ブレイクは、『黙示録』の一場面に強烈な性的フラッシュを浴びせることで、未来のモンスター、つまり現代のサイコパス、暴力的変質者たちの出現を予告したのだろうか。彼らの終わりなき夜の凄まじい内面世界を、ブレイク自身もまた知悉していたのだろうか？

ブレイク描く裸体は、どれも例外なくむやみな筋肉に覆われている。ミケランジェロを崇拝していたからとされるが、それにしてもその筋肉のあふれ具合は尋常ではなく、もうひとつの彼の特徴であるまろやかな流線とはどこかちぐはぐで、妙な居心地悪さを覚えてしまう。ブレイク自身の分裂があらわれたような気さえする。しかしそうだとしても芸術家ブレイクは、個性的な絵によって、予言的な詩によって、内なる獣をうまく抑えつけたに違いない。そこがレッド・ドラゴンたちとの違いであろう。

作品12

フォンテーヌブロー派の逸名（いつめい）画家

# 『ガブリエル・デストレとその妹』

*1600*年前後　油彩　*96 × 125cm*
ルーヴル美術館

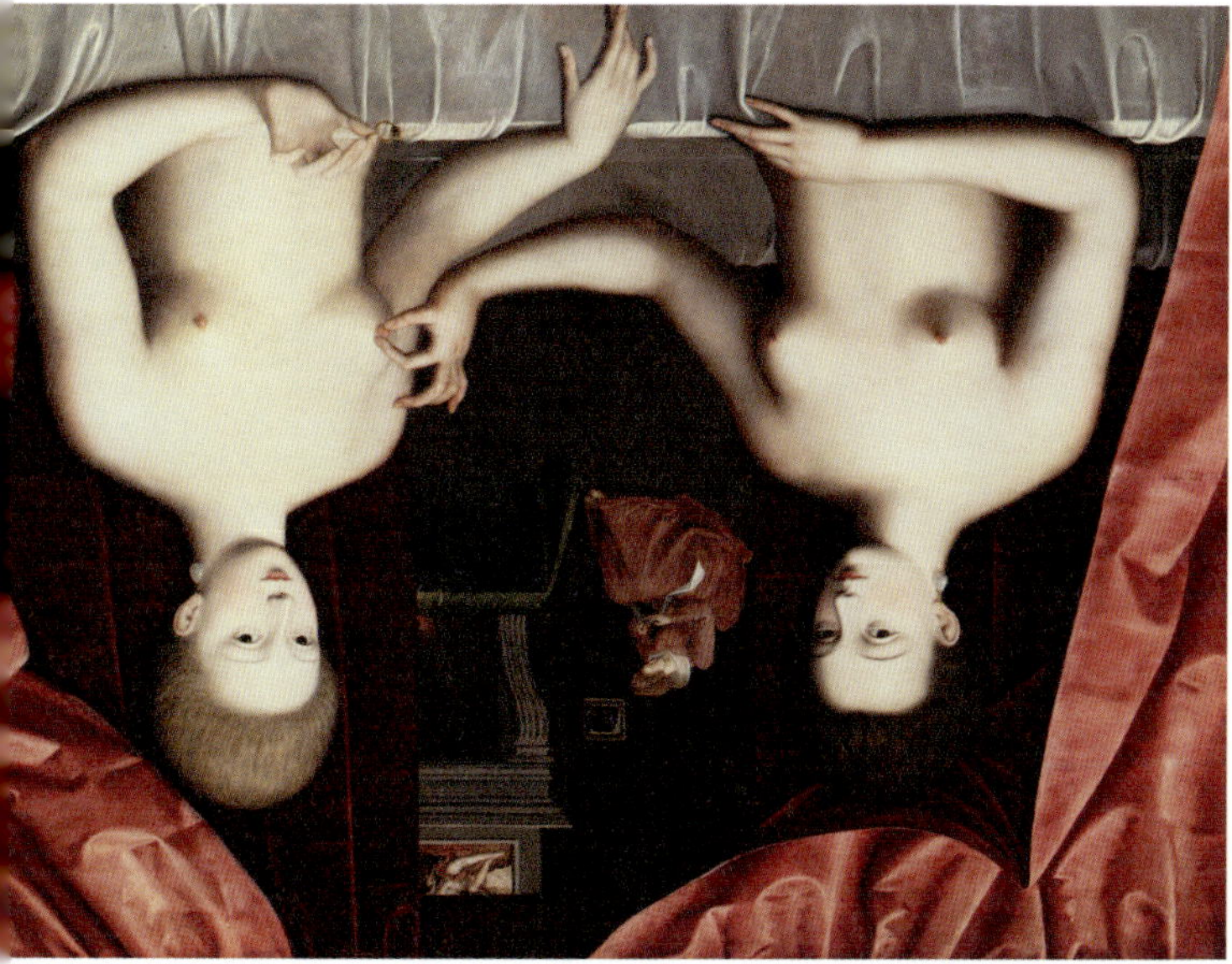

フランス・ルネサンスの父といわれるフランソワ一世は、パリの南六十キロにあるフォンテーヌブロー（「美しい泉」の意）に新しい宮殿を建設する際、多くのイタリア人画家を招聘して内部を飾らせた。「フォンテーヌブロー派」というのは、このとき帰化したロッソやプリマティッチョ、その弟子たちを中心とした一派で（日本の「狩野派」「琳派」という呼び方に近い）、イタリア・ルネサンスとフランス的雅びを融合させた独特の宮廷美術様式を確立した。

十六世紀半ばから十七世紀前半まで人気を独占したこのフォンテーヌブロー派は、後期のアンリ四世時代、装飾性とエロティシズムをいっそう強め、貴族趣味的な「浴槽の美女」図を多数生み出す（これらは歴代の王たちの浴室の間を彩った）。

どれもバスタブに入った女性たちという似た構図で芸術性には乏しいが、中にはこの作品のように、どきっとするほどくすぐったくてキュート、謎めいた魅力にあふれた逸品も残されている。

ただし作者名も制作年も不明。モデルも実は後世の推測にすぎない。右側のブロンド美女がアンリ四世の愛妾ガブリエル・デストレなのはいいとして、隣にいる鳶色の髪の女性は、ほんとうにガブリエルの妹なのだろうか？

顔で判断できないのが困る。フォンテーヌブロー派描く女性は、どれもこれもツンとすました無表情のクールビューティーで、細い眉、切れ長の眼、通った鼻筋、小さな口、当時の「美」とされた条件の顔を絵にしているだけ――浮世絵に描かれた美女の顔と同じ――なので、個性を持つ肖像画にはなりえていない（もとよりそんな気もなかっただろう）。

ガブリエルだという証拠は何か？　まずヘアスタイル。逆毛を立てたボーイッシュな髪型は誰にでも似合うというものではないせいか、一五九四年から九八年ころまでの、ごく短期間しか流行しなかった。次に指輪。金台にサファイアのこれは、アンリ四世が戴冠したとき嵌めていたといわれ、エンゲイジリングとしてプレゼントした相手はガブリエルしかいない。またこの絵の模写が残っており、そこに『ガブリエル・デストレの肖像』と書かれていたのが決定打となる。これで少なくとも指輪を持つ女性がガブリエルなのは間違いないとなり、このタイトルがつけられた。

ちょっと横道。

十九世紀以前の絵画には、画家本人がタイトルをつけたものはめったにない。注文主から、これこれの絵を描いてほしいと言われてそれを描くだけなのだから当然で、署名すら、したりしなかったりだった。タイトルと作者名が必要とされるのは、売買のための目録作製のときや、美術館に並べて大衆にも見てもらう、という絵画鑑賞法が一般的になって以降のことである。

だからたとえば、数あるユーディトの絵であれば、絵柄によって、『ホロフェルネスの首を斬るユーディト』『ホロフェルネスの首を持つユーディト』『ユーディトと侍女』などと、きわめて散文的につけられる。命名者は美術研究者や学芸員が多い。それでときどき間違いもあり、「ユーディトとして数百年知られてきたこの作品は、実はサロメでした」と訂正されたりする。

で、このガブリエルが何をしているかといえば、入浴中である。ただし今日的な意味での入浴とは違う。中世に盛んだった公衆浴場が十六世紀以降、梅毒やペスト流行の源とされて激減、医者は大まじめで「水につかると毒物が皮膚から浸透し、頭は鈍く身体は弱くなる」と説いたから、当時の人々は一種の水恐怖症に陥り、民衆はノミ・シラミだらけ(「ノミ取りをする庶民」の図もたくさん描かれている)、王侯貴族も一生に数えるほどしか身体を洗わない、という状態になっていた。体臭を香水でごまかしたことはよく知られている。

したがってガブリエルがここでバスに入っているのは、身体を清潔にするのが目的というより、一種の化粧法として、香湯かミルク湯ないしはワインにつかっていると思われる(同時代の殺人狂バートリ伯爵夫人は、回春のため処女の生血(いきち)風呂に入っていたらしいが)。

貴婦人たちはここで髪を金髪に染めたり、真っ白な透きとおる肌のため鉛白入りの危ない化粧品を全身に塗りたくったり、唇や乳首にルージュをつけたりしていた。要するに「浴槽の美女」図というのは、女性が浴室のカーテンの陰で身体を磨き上げているところを、鑑賞者としてこっそり覗き見るという、視姦的たくらみに満ちたモティーフなのである。

本作がそんな数ある「浴槽の美女」たちの中で群を抜いて蠱惑的なのは、もちろん左の、ガブリエルの妹とされる女性が伸ばした腕、その先にある手、その手の先の指がちょこんとつまんでいる「もの」に、目が釘付けになるからだ。

しかも手と指の描写に、いささかデッサンの狂いが見られ、その狂いがかえって奇妙な効果を上げている。まるで白い蟹がガブリエルの柔肌を這いまわっているような、エロティックでもありユーモラスでもあり無気味でもある曰く言いがたい皮膚感覚を、見る者に呼び起こす。

そしてこの手と絶妙のハーモニーを奏でるのが、すぐ下の、エンゲイジリングをひけらかすガブリエル自身の左手だ。すました無表情と陶器めいた肉体による停止した時間の中で、ふたつの手だけがこうして妖しく蠢いているのは、何と扇情的なことだろう。

それにしても、妹はなぜこんな不思議なしぐさをしているのか？　一説によれば、これで姉の懐妊を示唆したのだという（すでにアンリ四世の子を三人も産んだガブリエルだが、今また四人目をみごもり、指輪も賜って、いよいよ正式に王妃になろうとしている）。現代なら腹部を指させば足りる話である。ところがこの時代の「あらまほしき女性の肉体」というのは、何よりふっくらしたお腹であり、誰も彼も妊娠八ヵ月といわんばかりに腹部を突き出していたから、みごもっているかどうかの判断はつかない。ならば「豊穣」を象徴する乳首をつまめばいい、となったというのだ。

姉妹の身体がずんどうなのは、ファッションによる。当時は硬い筒型のスペイン風胴着が流行り、ウエストのくびれは重要視されなかったから、膨らんだ腹とあいまって必然的にこんな体形となる。小さな頭部に比して首が太く肩が逞しいのも、衣装や装身具の重さに日々耐えていたせいだ。どの「浴槽の美女」図の裸も似たりよったりなので、このころの男性の好みが今とずいぶん違っていたのがわかる。

バスタブの四囲には、光沢ある赤い絹のカーテンがめぐらされている。寒さよけだ。同じく、バスタブの中にも薄布が敷かれ、大理石の冷たさを緩和する工夫がこらされている。遠景の部屋は仄暗い。火の入った大きな暖炉があり、その上に飾られた絵画は上半分が隠れている。見える部分は、しどけなく脚を開いた女性のヌードだ。小さな鏡の前で侍女が縫い物をしている。これから生まれてくる子の産着を縫っているのかもしれない。

ではフォンテーヌブロー派の誰とも知れぬ画家は、王の子誕生を寿ぐ目出度い絵としてこれを描いたわけだろうか？

全ての謎の鍵は、この作品がいつ制作されたかにかかっている。なぜならガブリエル・デストレは一五九九年に毒殺されたからだ。

アンリ四世には、マルグリット・ド・ヴァロアという正妻がいた。カトリーヌ・ド・メディシス（メディチ家といえば「毒殺」がキーワードなのは周知のとおり）の娘で、「淫乱の王妃マルゴ」として名高い歴史上の悪女のひとりである。政略結婚ではあり、この夫婦は最初から全くそりが合わなかった。長く別居し、ふたりの間に子どもはいない。王は早くから離婚を申し出ていたが、マルゴは頑として応じなかった。

アンリは諦めなかった。人妻だったガブリエルを見初め、夫と別れさせ、自分の子を三人も産ませたのは、何としても彼女を王妃の座につけたかったからだ。エンゲイジリングに誓った固い約束を守りたかったからだ。彼は八方手を尽くし、ついにローマ法王の許可を取りつけ、妻マルゴに対しては、彼女の莫大な借金（全て男遊びでこしらえたものとされる）を清算してやることで、ようやく離婚に漕ぎつけた。

さっそく結婚式の日取りが決められた。臨月のガブリエルは披露宴の準備などのため、ひとりでパリへもどった。もう大丈夫と油断したのだろう。それまでは片時も王のそばを離れず、戦場にまで同行していたのは、暗殺を恐れての故だ。何しろ周りは敵だらけだった。マルゴから憎まれているのはもとより、王の廷臣たちの多くが再婚に反対している。

強力な理由がふたつもあり、まずひとつは、戦争続きでフランスの国庫が厳しい状況なので、再婚相手には莫大な持参金を持つ女性が望まれていた（実際アンリは後に、金目当てでイタリアのマリー・ド・メディシスと結婚する）。もうひとつの理由として、もしガブリエルが王妃になれば、すでに生まれている長男に王位が譲られることになる。しかしこの子は、まだアンリもガブリエルもそれぞれ正式の妻と夫がいたときにできた子、つまり不義の子である。とうてい許容されるものではない。

ガブリエルの立場は、王の愛だけが頼りという脆弱さだった。だがいったん王妃になってしまえば、もう恐れることは何ひとつない。それももう数日のうちだ。パリへ帰った彼女は、イタリア人料理人の作った夕食を食べたあと胃痛を訴える。翌日、死産するが、なぜか医者は呼ばれなかった。知らせを受けたアンリが急いで駆けつけると、すでにガブリエルは死の床にあった。凄まじい苦悶の形相で死んだと伝えられる。権力の座に近づこうとした女性の、無念の最期であった。

さまざまな政治的思惑が――マルゴであれ廷臣であれ、誰を犯人として挙げても、イタリアとの関係が悪化してしまう――からんでのことだろう、死因は産褥熱と発表され（もちろん信じる者はいなかった）、けっきょく真相究明はなされていない。王が葬儀にあたって王妃なみの扱いをし、異例の喪に服したことが、せめてもの慰めといえようか。

さて、絵にもどろう。これが暗殺後の作品だとしたら、全ては劇的に変わって見えてくる。暖炉の火は暖かく燃えているというより、消える寸前のあがきのようにヒステリックに火の粉を上げている。鏡は光っているだけで何も映してはおらず、死の前兆の象徴になっている。侍女が縫っているのは、産着どころか葬儀用の衣装であろう。

暖炉の前の、緑色のベルベットに覆われた四角いものは何だろう？　女性が嫁ぐとき持参する衣装箱と思われるが、通常なら美麗な家具として部屋の隅に飾ってあるはずだ。こんなふうに布で覆っているというのは、この衣装箱がもはや必要なくなった、つまり持ち主はいなくなったということを意味しているのではないか。しかも部屋の真ん中に安置してある。安置？　するとこれはガブリエルの棺の暗喩なのでは？　緑は彼女が大好きな色でもあったし……。

暖炉に飾った絵もおかしいといえばおかしい。卑猥なこの絵は、明らかにガブリエルが王の寵愛を得た手段を皮肉っていよう。アンリを官能の虜にした、悪女としてのガブリエルを暗に批難している。これを彼女の生前、まして王と結婚の約束をしたばかりの、近々王妃になるかもしれないという時期に、宮廷のお抱え画家たるフォンテーヌブロー派が描けただろうか？

それに指輪は？　彼女はつまんでいるだけで、指に嵌めてはいない。亡くなれば指輪は外して棺に入れるという言い伝えに従って弔われたとすれば、指輪を指に嵌めていない、即ち死んだということに他ならない。

こうして考えると、この絵はだんだん、ガブリエル毒殺後の怖い作品に見えてくる。金髪のクールビューティーは、文字どおり冷たい骸なのかもしれない。するとその性的シンボルをつまむ左の女性は妹ではありえず、王の次の愛妾なのだろうか。彼女は、「あとはわたくしが引き継ぎますわ」と微笑んでいるのか……。

作品13

# ルーベンス『パリスの審判』

*1632～35*年頃　油彩　*145 × 194cm*
ロンドン・ナショナルギャラリー

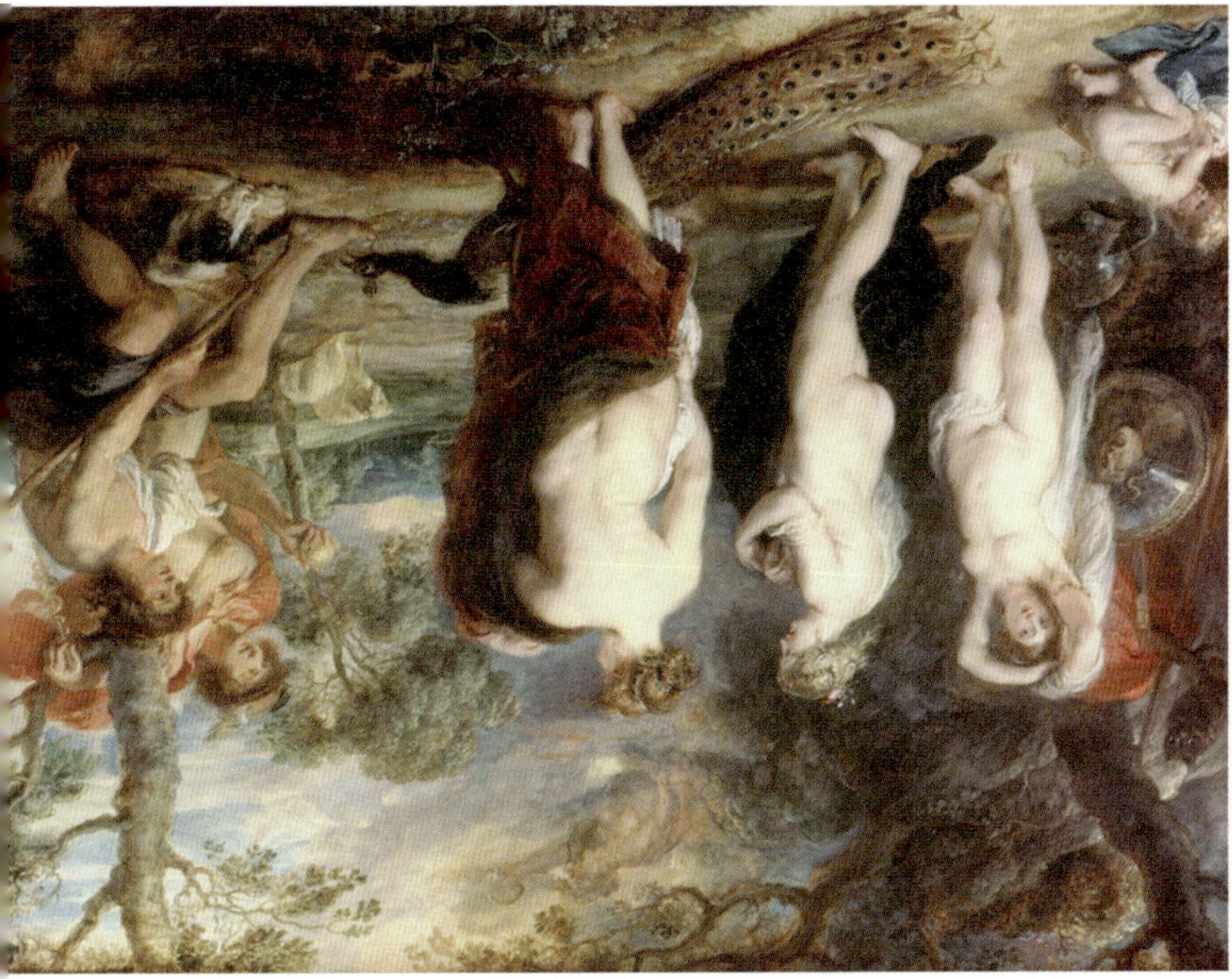

ギリシャ・ローマ神話を読むと、まるで歌舞伎の因縁話のように、宿命の罠が過去・現在・未来を網の目状に覆っているのに気づく。天上界の神々も地上界の人間も、ただ操られるだけのマリオネットにすぎず、進む道はあらかじめ定められているかのようだ。

トロイア戦争もまた、起こるべくして起こったのであろう。

そもそもの始まりは、トロイア王妃が息子パリスを産むときにみた、国が炎上するという縁起の悪い夢である。占い師たちはこの夢を、「トロイアはこの子が原因となって滅ぶ」と解釈し、王は進言を容れて我が子を殺すべくイデ山中へ遺棄させる。けれどももちろん夢は現実の先触れであるから、赤子のパリスは死ぬはずがない。羊飼いに救われ、無事成人して自らも羊飼いとなった彼は、全く無自覚のまま「運命の時」を待つことになる。

ちょうど同じころ天上界では、ペレウスとテティスの結婚式が行なわれていた。神々の中でただひとりエリスだけが――「諍いと不和の女神」だったため――招待されず、逆恨みした彼女は宴席に黄金のりんごを投げ入れた。そのりんごに「もっとも美しき者へ」と記してあったから、たまらない、ヘラ（＝ジュノー）、アテナ（＝ミネルヴァ）、アフロディテ（＝ヴィーナス）という、いずれ劣らぬ美貌自慢の三女神による奪い合いになってしまう。三人は判定をゼウス（＝ジュピター）に求めたが、誰を選んでもろくな結果にならないのを知る彼は、他の者にその割に合わない役目を押しつけることにした。それが地上のパリスという次第。

パリスはさぞや驚いたに違いない。いきなりゼウスの息子ヘルメス（＝マーキュリー）に連れられた三女神が現れ、目の前で裸身をさらし、一番きれいなのは誰か、と眦（まなじり）を決して問うのだから。

しかしどうやらこの美人コンテストは、公明正大というわけでもないらしい。三人が三人、パリスを買収にかかってくる。選んでくれれば見返りとして、ヘラは広大な領地と絶大な権力を、アテナは輝かしい戦勝を約束する。ヴィーナスはといえば、人間界における最高の美女――スパルタ王の妻ヘレネ――の愛を与えるという。これを聞いたパリスは、即座にヴィーナスへ黄金のりんごを手渡した。

かくしてパリスはその後すぐ、ヴィーナスの手助けによりスパルタから王の妻ヘレネを誘拐、愛の悦（よろこ）びを満喫できたのだが、スパルタ側は王妃奪還を旗印にトロイアへ攻め込んでくる。パリスの審判で恥をかかされたヘラとアテナが当然ながらスパルタに肩入れし、占いどおりトロイアは滅亡、パリスも戦傷がもとで死んでしまい、トロイア戦争の序章となるエピソードはここに終わる……。

数ある神話のうち、「パリスの審判」は古代から人気が高く、絵画の題材にもひんぱんに取り上げられてきた。有名なストーリーなので鑑賞も楽だし、画家としては、それぞれに異なった美を持つ三女神のヌードを描きわけたり、イデ山という舞台の自然描写も腕の見せどころになる。クラナッハ、パロット、ロラン、ヴァトー、ルノワール、クリンガーなどの作品がよく知られている。ルーベンスに至っては、わかっているだけで七点もの同名異作を（注文主がそれだけ多かったということだ）残している。中でももっとも優れているのが、ロンドン・ナショナルギャラリー所蔵のこの一点だ。

ところでまずは、ルーベンス描く裸婦について擁護しておかねばならない。ほんのりピンクがかった白くなめらかな肌は別として、背中にまでたっぷり肉のついた豊満すぎるヌードを、現代の我々が美しいと感じるには少なからぬ困難が伴うからだ。ルーベンスの凄さはわかるけれど、あのぶよぶよした肉塊は嫌いだ、と公言する人は少なくない。誰しも時代の子であってみれば、それぞれの時代の枠に嵌められた「美女」にしか反応できなくなるのは致し方ないことかもしれない。

だからせめて想像してみよう。十七世紀フランドルの人々が、今日ただいま日本で持てはやされているヌードを見たらどう思うか、と。おそらく彼らは、痩せこけた栄養失調気味の、ラインだけがあって幅も厚みもない、およそ豊穣という言葉からかけ離れた貧弱な裸のどこに美があるか、全く理解できないのではないだろうか。

つまりはそういうことなのだ。我々には大柄すぎ、肉が余分すぎ、官能と無縁に思えるこの三女神は、当時の鑑賞者にとっては目も眩む美女であった。胸の大きさより腹部のふっくら感、引き締まった筋肉より垂れるほどの脂肪が好ましいと思われていた。

ルーベンスの巧みな筆によって、そうした彼女たちの豊かな身体は独特の複雑なねじれを見せ、それによって柔肌（やわはだ）の温（ぬく）もりや、さらには甘い芳香すら漂わせていたのだ。そして三人それぞれ異なったポーズをとっているため、あたかも彫刻を見るように、正面、横、バックと、三方向から裸体美を堪能（たんのう）することができた。

これが男性にとっていかに目の保養であったか、実は右端にいるパリスが証明している。描き変えられているのでわかりにくいが、二頭の羊のすぐ下に、いちど脚を描いて消した痕跡（こんせき）が残っている。

つまりパリスは興奮のあまり右脚を突き立てていたのだ。さすがにそれでは露骨で下品すぎると、ルーベンスは（あるいは注文主が）変更を加えたらしい。脚がもしそのままだったら、この絵のエロティックな雰囲気はいっそう濃厚の度を増したであろう。

古典への教養をつんだルーベンスは、さまざまなアトリビュート（その人物を象徴し、正体を明かす持ちもの）を効果的に、しかもさりげなく画面にちりばめた。

黄金のりんごを持つ若者がパリスだということはすぐわかる。彼はこのとき羊飼いだったから、粗末ななりをして、長い杖（つえ）を手にし、足もとには牧羊犬をはべらせている。後方には草を食（は）む羊たちも見える。

パリスのそばに立つ男性は、帽子が目印だ。ペタソスという丸い浅い帽子に、二枚の翼。これはヘルメスだけがかぶるもので、翼付きサンダル（画面には見えない）とともに、鳥より早く飛ぶ彼の能力の源となっている。もうひとつのアトリビュートは、左手に持つカドゥケウスと呼ばれる小さな杖。二匹の蛇が巻きついている。伝令の標識であり、これさえ示せばどこへ行くにも安全が保障された。

三人の美女たちへ行こう。豪奢なマントをはおった後ろ姿の女神は、ゼウスの姉であり且つ正妻のヘラである。最高位の女神たる自尊を示す彼女の聖鳥――孔雀――が、その足もとに燦爛たる尾羽を伸ばしている。その羽に光る眼の模様は、百眼の巨人アルゴスが死んだとき、彼女が記念にえぐり出して付けさせたものといわれる。

横顔の女神がヴィーナス。春の女神であり、生殖と快楽を司る彼女には、小さな翼を持つエロス（＝キューピッド）という息子がいる。母の後ろでその子どもが、彼女の脱ぎ捨てた衣装を片付けているところだ。

正面姿は、戦と知恵を司る処女神アテナ。父ゼウスの額から、兜・槍・楯の完全武装で生まれてきたアテナなので、足もとの立派な兜がアトリビュートになっている。背後の樹上にとまっている知恵の鳥フクロウも、彼女の持ちものだ。もうひとつ、枝にぶら下げた丸いものに何やら怖ろしい顔（髪が蛇のメドゥーサ）が映って見えるが、これは鏡ではなく楯である。護符として楯にメドゥーサの首を付けているのだ。

こうして役者がそろった。いよいよたった一枚の画面でストーリーが展開されるわけだが、物語画家としてのルーベンスの力量は比類がない。アトリビュートの配置も完璧(かんぺき)だし、人物群の計算されつくした動きによって、今ここで何が起こり、さっきまで何が起こっていて、これから何が起こるかが、手に取るようにわかる。

映画などというものを想像すらできなかった当時の人々だが、おそらく我々が映画を楽しむのに似た感覚でこの絵を受けとめていただろう。彼らの眼には、女神たちが生き生き動いて見えたに違いない。

——パリスは黄金のりんごを、ためらいもなくヴィーナスへ差し出す。彼女が語って聞かせてくれた人間界一の美女ヘレネと、これから味わうであろう快楽に、早くも興奮を覚えながら。

ヘルメスは、パリスが権力や戦勝を選ばなかったことに驚いてはいない。近づいてくるヴィーナスに目を奪われている。

ヴィーナスは恥じらいがちに黒マントを胸にあて、だが勝利にほくそ笑みながら、美の証(あかし)のりんごを受け取るため一歩を踏み出す。

ヘラの表情は見えない。しかし彼女の怒りを代弁した孔雀が、パリスの犬に向かって鋭い声を上げる。

アテナだけがまだ勝敗を知らず、最後の一枚である薄布を脱ぎ捨てるところだ。今にも乱れた髪をさっとひと振りしそうな潔さで……。

のどかな田園での美女コンテストである。なだらかな丘に、緑なす木々、青い空、裸体の白さの何と輝かしいこと。

まだ怖いものはない？

いや、美女たちの上空に、それはすでに現れている。彼女たちのくっきりした姿形に比べ、それはまだ刷毛ではいたように薄く、木の梢や雲と半ば一体化しているため誰も気づいていない（鑑賞する我々もつい見落としそうになる）が、しかし間違いなく近いうちに存在感を誇示するはずの、復讐の女神アレクトだ。

メドゥーサと同じく蛇の髪を持つアレクトは、黄色い歯に赤い眼をした醜い老女で、空中を飛びまわりながら金属付きの鞭をふるい、犠牲者の肉をそぎ落とすという。伸ばした左手に持っているのがその鞭だ。右手には死の象徴としての松明。口を開けているところを見ると、勝ち誇って叫んででもいるのであろう。パリスがヴィーナスに黄金のりんごを渡すと決めた今このとき、トロイア戦争は規定路線となったのだから。

つまりこの絵は、ひとりの男の後先を考えない欲情が、あるいは女たちの浅はかな見栄が、国を滅ぼすきっかけとなった瞬間を描いている。ひとつひとつは些細で個人的な思惑

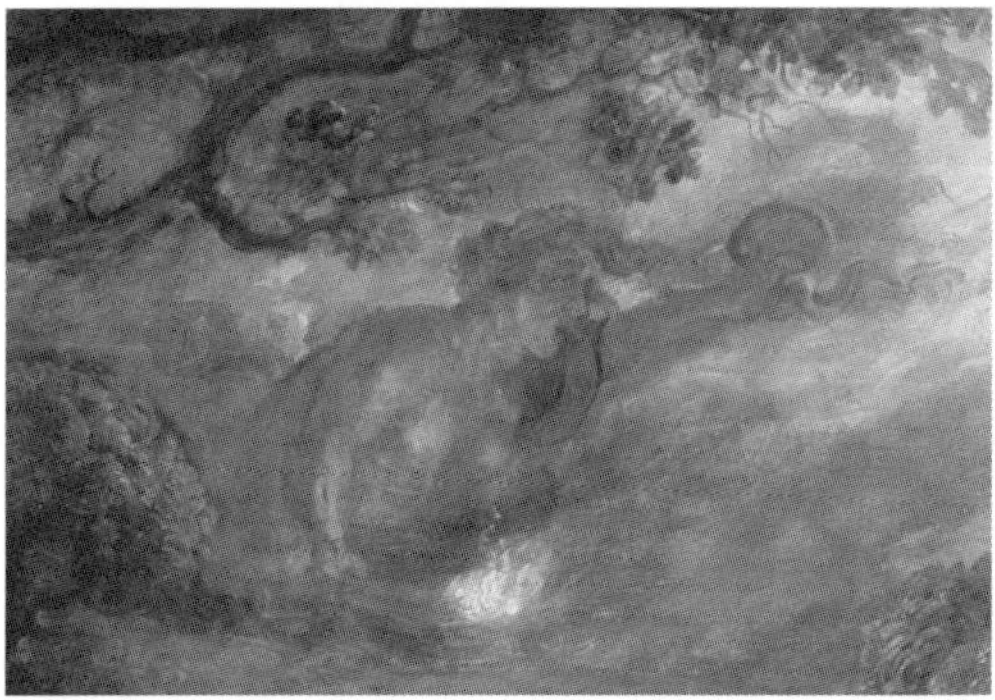

ルーベンス『パリスの審判』（部分）

から発したのに、絡み合うことで破滅的な結果がもたらされる例は稀ではなく、これもその一例といえるのだろう。

しかしここでほんとうに怖いのは、そんなことではない。そもそも天上の女神ともあろう者が、美を判定してもらうために、たかが人間の若者の前で裸身をさらすという、それ自体が信じられないほどの異様な出来事である。

これはもはや彼女たちが愚かしいというだけではすまない。判定をまかせたのは、他ならぬ神々の中の神ゼウスなのだ。なぜゼウスはそんな選択をしたのか？　パリスの母が夢をみたとき、すでにそこまでの運命が決まっていたからではないのか。神でさえ、人間のみた夢の中に組み込まれていたからではないのか。

時として人は、自らの意志や思いとはるかにかけ離れたところで運命という残酷な歯車がまわり、望みとは逆方向へ運ばれているのを知る。そのとき人は無力感に圧倒され、恐怖を感じるのだ。

ピーテル・パウル・ルーベンス（一五七七～一六四〇）は、天にえこひいきされた幸運の画家だった。健康と人好きする容姿、円満な人格、最良の伴侶、数ヵ国語を自在に操る語学力、並外れた古典の教養、優れた経営の才、外交官としての成功、その上さらに芸術家として空前絶後ともいうべき栄達だ。作品の好き嫌いは別として、フランドル絵画の黄金期を築いたのがルーベンスだということに異を唱える者はないだろう。

多数の弟子をかかえた彼の工房は、二千点を超す作品を生み出し、巨万の富を築いた。エピソードも数多い。この天才は、タキトゥスを原語朗読させながら絵を描き、なおかつ来客の応対と手紙の口述筆記を同時にできたのだそうだ。彼の作品からは、自分を、人生を、女性を愛し、この世に満足した人間、この世の美の全てを官能的に味わう術を身につけた人間の、まこと羨(うらや)ましいまでの幸福感が伝わってくる。

彼自身がほんものの恐怖を味わったことなどあったのだろうか？

作品14

ドレイパー

# 『オデュッセウスとセイレーン』

*1909*年　油彩　*178 × 213cm*
ファレンズ・アート・ギャラリー

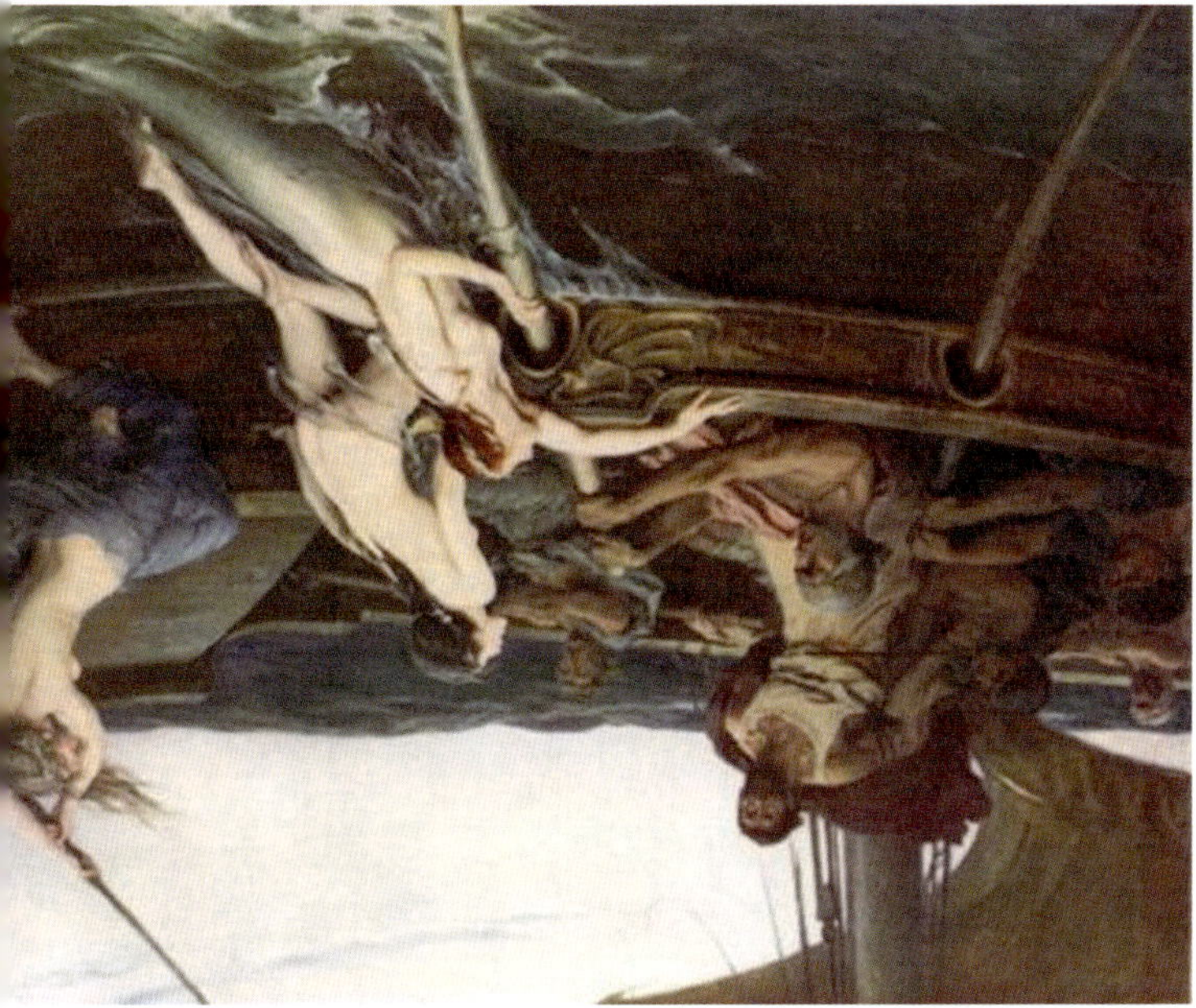

恐怖は伝染する。

船を漕ぐ男たちのパニック状態は、見る者をも巻き込まずにおかない。筋骨隆々の逞しい男をこれほど怯えさせる相手だ、姿は美しい乙女であっても、実態はいかばかり恐ろしい存在か……。

暁の空、荒れる海原。風を孕んだ帆はいっぱいに膨らみ、男のマントがはためき、女のやわらかな髪の毛が真横に流れる。眼を剝き、力をふりしぼって櫂を動かす漕ぎ手たち。マストに縛りつけられた男は、狂乱の態で身をよじる。脇の男が、縄をさらにきつく締めようと必死になっている。

櫂にすがりつく女の下半身は魚で、船に乗り込んだふたりは人間の姿だ。海から上がれば、魚の尾は人間の脚へ変容するのだろうか。

彼女たちは口を開けている。大きく開けている。語りかけているのではなく、歌をうたっているとわかる。セイレーン（siren）とわかる。その美しい歌声で船乗りたちを没我状態にし、海へ飛び込ませて溺れさせたり、船を岩礁へ衝突させる、海の魔女たち（現代のパトカーや救急車のサイレンの語源となった）。

となると、これはトロイア戦争から帰途中のオデュッセウス（＝ユリシーズ）の船とわかる。セイレーンの登場する有名なギリシャ神話といえば、アルゴ探検隊の船とこれの二つであり、前者は、同乗していたオルフェウスが竪琴の名手だったので――何といっても黄泉の国王ハデスの心さえ動かしたほどだ――漕ぎ手はセイレーンより彼の音楽に耳傾け、難所を乗り切ることができた。

一方、後者、オデュッセウスの危機の脱し方は違って――

ギリシャ神話には数多の英雄が登場する。それぞれ強烈な個性を発揮しているが、とりわけオデュッセウスは、その複雑な人間性と豊富なエピソードにより、知名度で群を抜いている。

彼はいわばヘラクレスの対極といえよう。過酷な運命の挑戦を受けたヘラクレスは、次々襲いくる試練を強靭な肉体で跳ね返していったが、それはもうほとんどエイリアンだのゾンビだのをやっつけるシュヴァルツェネッガーなみで、頭脳戦というよりは肉弾戦一本槍であった（もちろんそれはそれで爽快きわまりなく、人気を博す理由もうなずける）。反対にオデュッセウスのほうは、「英雄にふさわしからぬ」小柄な肉体、赤毛の主だったというし、力自慢はしたことがない。また智謀において勇敢さにおいて弁舌において、他に並びない名将と讃えられる一方で、裏切りや残酷な復讐を平気でやってのける暗い影の部分も持ち合わせている。ドレイパーの本作では、中央マストにくくりつけられた髭面がオデュッセウスで、高貴さのうかがえない海賊のごとき描写がなされているのはそのせいかもしれない。

オデュッセウスの運命は、トロイア戦争とかたく結びついていた。作品13のルーベンスの章でも触れたように、前段で、まずこういうことがあった——絶世の美女ヘレネがスパルタ王妃になった時、これまで彼女に求婚したおおぜいのギリシャの勇者たちは、潔く諦めるとともに、「もし万が一、彼女を夫から奪おうとする者があらわれたら結束して戦う」と誓いあった。これを提案したのが、誰あろう、オデュッセウスその人だ。

十年がたち、羊飼いパリス（実はトロイアの王子）が女神ヴィーナスの手助けを得て、ヘレネの心を盗む。彼女は夫も子も国も捨て、トロイアへ出奔。スパルタ王は妃奪還の戦をはじめるべく、勇者たちへ呼びかけた。こうしてミュケナイ王アガメムノン総指揮のもと、将軍四十三人、司令官以下兵士数万人、船団千十三隻という、大軍団の遠征が決まった。

オデュッセウスは？

彼は神託を受け、もし従軍したら二十年は帰国できないと知り、すっかり嫌気がさした。そこで仲間が迎えにくると、農夫の服を着込み、牛と驢馬をひとつの軛につないで、地へ塩をまき、鼻歌まじりに畑を耕しはじめた。狂気を装ったのだ。自ら提案した誓いだというのに、これがほんとに英雄のやることかと呆れる。

おまけにすぐ見破られてしまった。パラメデスという勇者が、オデュッセウスの牽く鋤の前へ彼の幼子を放り投げたのである。オデュッセウスは慌てて家畜の手綱をひきしぼり、辛くも息子の命を救う。これで真相のばれた彼は、しぶしぶトロイア行きを承知せざるを得なかった。

だがいったん覚悟を決めた後、戦場におけるオデュッセウスの働きは目覚しかった。人々は従軍前の彼のためらいを忘れた。ところがオデュッセウス本人は決して忘れてはいなかった。ずっとパラメデスを恨み続け、復讐の機会を狙い、ついには軍資金横領の罪をなすりつけて彼を死刑に追い込む。なんと凄い話ではないか。しかも神話はこのことでオデュッセウスを罰してはいない。

それはさておき、戦争は互角の攻防のまま、十年の長きに及んだ。

勝敗を分けたのは、有名な「トロイアの木馬」作戦で、発案者はオデュッセウス。いかにも奸智に長けた彼らしい戦術といえた。これは自らの陣営を焼きはらい、跡地に大きな木馬ひとつ残して敗走したと見せかけるもの。まんまと欺かれたトロイア側は勝利に沸き、城内へその木馬を引き入れて宴を催したのが運の尽き。皆が酔いつぶれた夜半、木馬の腹中からオデュッセウスらが忍び出て、城壁の入り口を全て開け放ち、海上で待機中の船団に松明で合図、寝込みを襲った。さしも堅固なトロイアの城もここに陥落、栄華を誇った古代都市は滅亡した。

ちなみに戦争の原因となったヘレネだが、彼女は再び（けろっとして！）スパルタ王妃の座にもどる（すでにパリスは戦死していた）。王は最初、自分を捨てた妻を憎み、怒りもあらわに対面したのだったが、以前と変わらぬ、いや以前にも増して美しい彼女を見て、腑抜けとなったのだ。まことと美には善悪がなく、有無を言わせぬ力がある。

戦後処理が終わると、ギリシャの勇士たちはそれぞれ帰国の途についた。オデュッセウスも部下を引き連れ、故郷イタケへと船出したが、神託どおり、さらに十年、漂泊の旅が定められていた。

彼を襲うのは、太古の神々の名残をひきずった怪物たちだ。ロートバゴス（ロトスの花の香りで深い眠りに誘い込む）、キュクロプス（獰猛な一つ目の巨人）、アイオロス（風の支配者）、ライストリュゴン（人食いの巨人）、キルケ（美しい魔女。言い寄ってくる者を動物へ変える）etc. その都度オデュッセウスは智恵と忍耐で――ヘラクレスなら棍棒をふりまわしたであろうが――切り抜け、先へ進むのだった。

セイレーンもそうした怪物の仲間である。帰郷するには彼女たちのいる島のそばを通らねばならない。オデュッセウスはあらかじめカリュプソ（アトラスの娘で、しばらくオデュッセウスの現地妻となっていた）から、セイレーンに対する防御法を教えてもらっていた。耳に蜜蠟を詰め、いっさい声を聞かないようにするしか難を逃れる術はないという。

好奇心旺盛なオデュッセウスは、だがどうしてもその妙なる歌声を聞きたくてたまらず、部下たちには全員、固く耳栓をさせながら自分だけはそうせず、かわりにマストへきつく身体を縛りつけてもらい、何が起ころうと決して縄をほどかないよう厳命した。

船はセイレーンの島へ近づく。犠牲者たちの白骨で山なすその島から、風に乗って歌声が流れてきたのであろう、オデュッセウスは身悶えして縄をほどこうとし、わめきながら暴れだしたので、皆は懸命に櫂を漕いでスピードを上げ、やっとのことで危険領域を逃れたのだった。

古代ギリシャのセイレーンは、三人ないし七人姉妹で、首から上が女、胸からは鳥という「鳥女」だった（だから鳥のように歌う）。ドレイパーの本作より二十年ほど前、同じラファエル前派のウォーターハウスがその説をもとに描き、こちらもなかなか怖い。

船はいくつもの無人島が重なる、見るからに難所といった狭い海路を通り抜けるところだ。どこからともなく黒い禍々しい大きな翼の鳥女が一羽、また一羽と舞い降りてきて、船べりに止まって歌い出す。これほど巨大だと顔が女でなくとも恐怖感十分なのに、そこへもってきて彼女らは、いやに白い、細面の、顎の尖った、そっくりな顔をしている。その無表情の若い顔に比べ、ぐにゃりと曲がった鉤爪の肢はひどく老いて邪悪な印象で、不気味さをいっそう増幅させる。

これでいったいどんな歌をうたうやら。

鳥女は図像的にあまり魅力的でないからだろうか、それともギリシャ語の「鳥の翼」という単語が、複数形になると「魚のヒレ」と同音だからなのか、いつしかセイレーンの姿は、上半身が美女、下半身が魚の人魚型になっていった。

ドレイパーの絵は、一見、人魚説を取っているようで、実はそうではない。人魚は海中にいるひとりきりしかいない（でもきっとこれは、画家として女性の全身ヌードを描きたかったためだろう）。

その意味ではウォーターハウスの絵も神話に忠実とは言えない。なぜならオデュッセウスたちは、誰もセイレーンの姿を見てはいないはずなのだ。島の近くを航行し、縛られたオデュッセウスの激烈な反応によって初めて耳栓した部下たちも、身近にセイレーンの存在を感じとり、恐怖に囚われたのである。

セイレーンの怖さは、声の、歌の魔力であり、鳥女だったり人魚だったりというのとは違う。

耳にした者をたちまち捉え、心身ともに痺れさせ、死んでもかまわない、という気持ちに追い込んだというのだから、もしかするとそれは、か細い、切ない、やさしい声と、どこか懐かしい、やるせないメロディを持ち、どんな人間の心の底にも眠っている耐えがたい悲しみ、封印された痛みの記憶を、容赦なく引きずり出す働きをしたのかもしれない。

否。そんないっさいの理屈は虚しく、春のリズムがあるように、涙の旋律があるように、

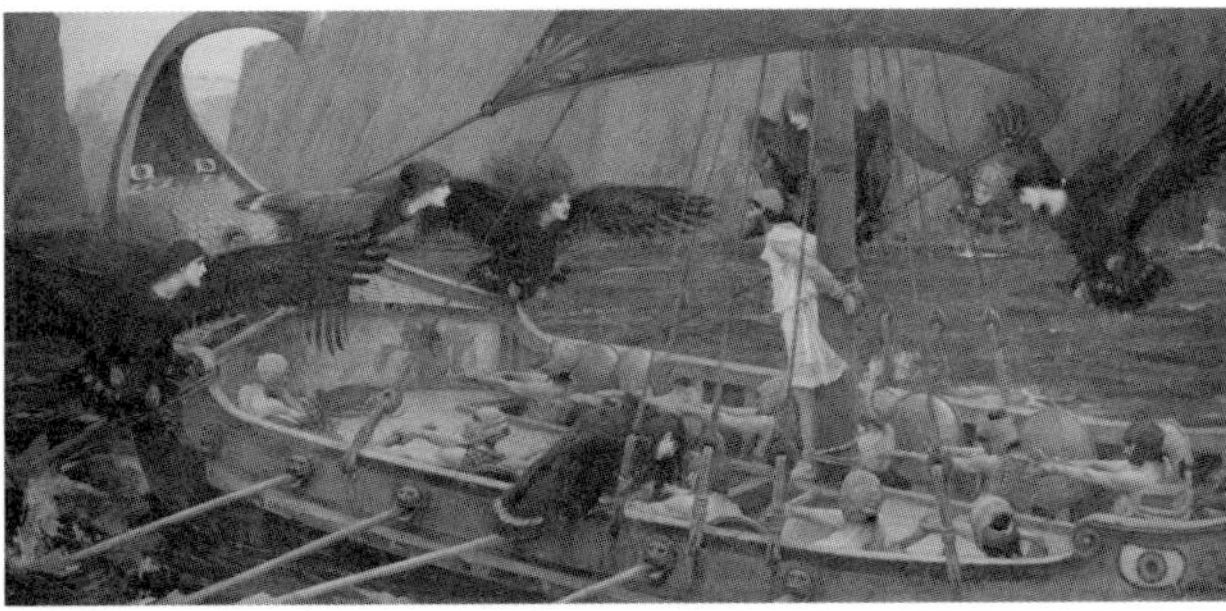

ウォーターハウス『オデュッセウスとセイレーン』*1891*年

原始の音があるように、ただ死の音楽があっただけなのかもしれない。

音楽は太古の昔から人間に寄り添ってきた。我々の先祖は洞窟の中で自分の声が不思議な音色で響くのに驚き、森の奥で野獣の吠え声と嵐が混じる凄惨な音に怯え、足をふみならすリズミカルな音に酔い、鳥のさえずりに聞きほれた。周囲の素朴な音に触発され、誰かが今までにない新しいメロディめいたものをほんの少し持ち込めば、それはすでにもう魔力的音楽だった。

音楽は人を昂揚させ、憔悴させ、歓喜に導き、また絶望させる。恋の炎を燃えたたせもすれば、戦争へさえ行かせる。恨みを募らせることもするし、泡立つ心を鎮めもする。どうして死へ誘う音楽がないはずがあろう。セイレーンは今も存在するに違いない。

絵画で音を表現するのは至難の業だ。音楽となるともうお手上げである。ドレイパーもウォーターハウスも、セイレーンが船に乗り込んでくるという、荒々しく直接的な表現にせざるを得なかった。

ハーバート・ドレイパー（一八六三～一九二〇）は、古典偏重の美術界に異を唱えたラファエル前派（ミレイ、ロセッティ、ハントなど）のひとり。

作品15

カルパッチョ

# 『聖ゲオルギウスと竜』

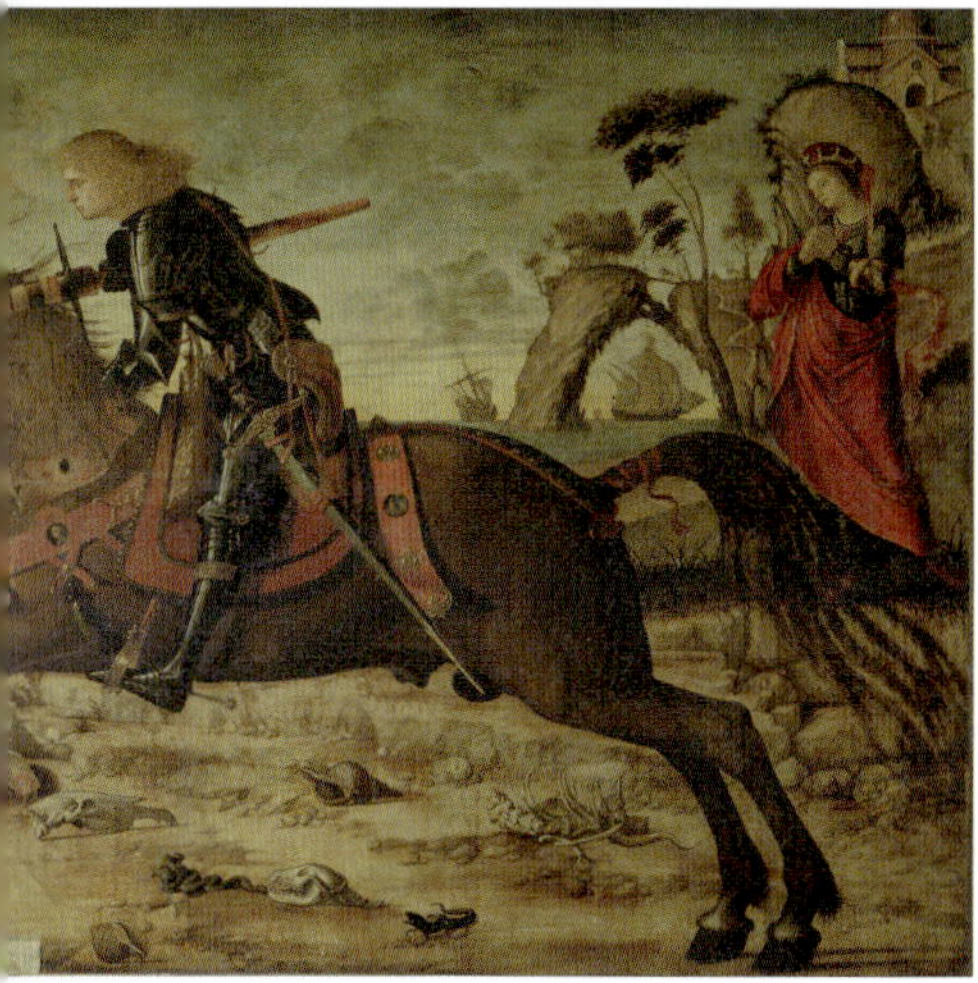

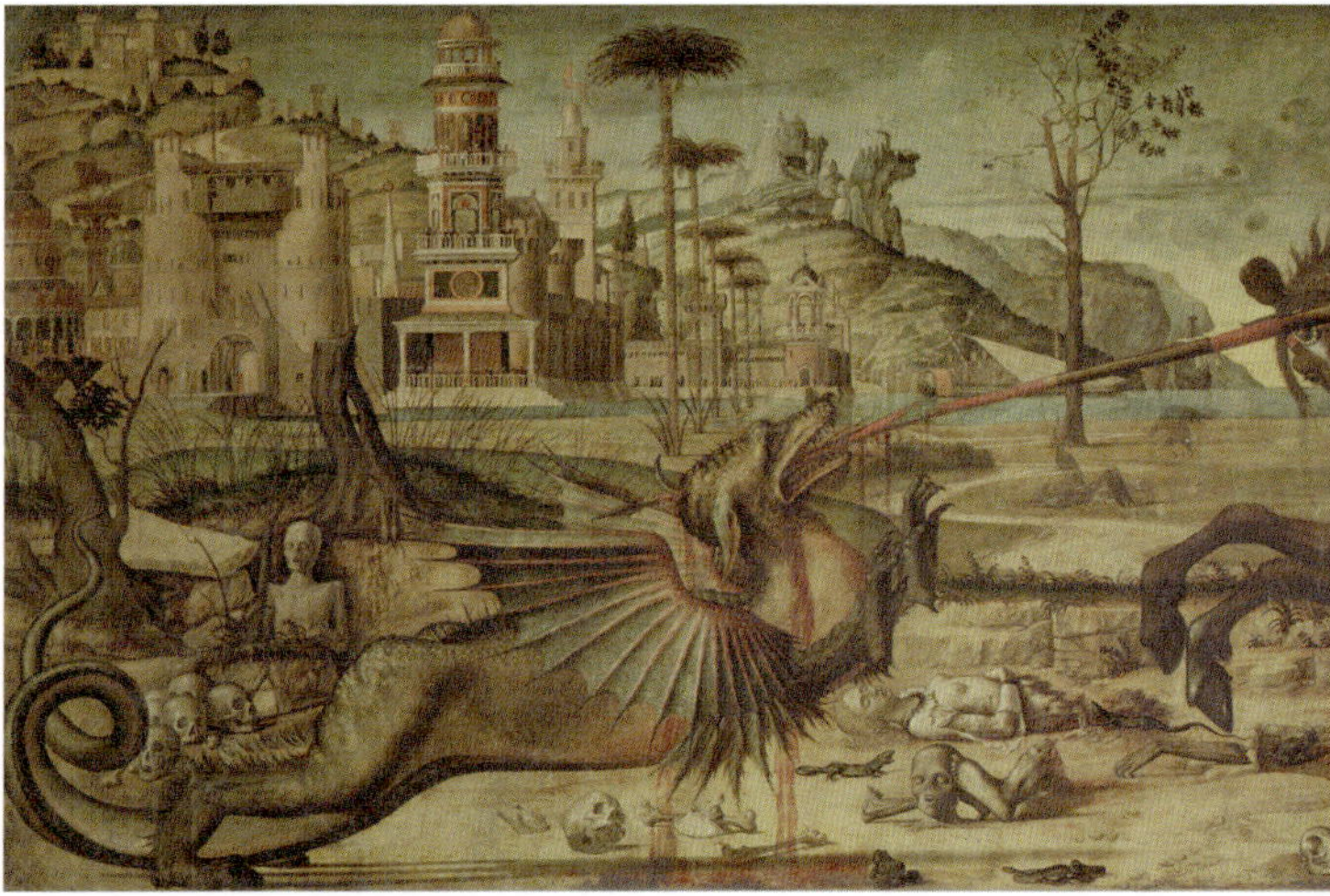

*1502～07*年　油彩とテンペラ　*141 × 360cm*
スキアヴォーニ同信会館

「カルパッチョ」というイタリア料理は、この絵を描いた画家カルパッチョの名に由来するといわれる。

薄切りの生牛肉に、マヨネーズ・ベースのホワイトソースをかけたもの（現在ではマグロやサーモンなど魚介類も用いる）が原点で、創作されたのはそう昔ではなく、一九五〇年のこと。ヴェネチアの某シェフが手軽に作り、客から料理名を訊ねられて、とっさに「ビーフ・カルパッチョです」と答えたのが定着したらしい。牛肉の赤とソースの白が、カルパッチョ絵画における印象的な赤と白の色使いを思い起こさせたのだという。

確かにこの『聖ゲオルギウスと竜』においても、血を煮詰めたような濃い赤と、死体や骨の白さが眼を射る。本来、聖ゲオルギウスの乗る馬は白馬だが、ここでは敢えて焦茶の馬にすることで、赤という色を軽やかにしない工夫が凝らされた。するとかえって赤の目立つ画面になった。

キリスト教の聖者伝説とギリシャ神話が合体して生まれた聖ゲオルギウス（ドイツ語ではゲオルク、イタリア語ではジョルジョ、英語ではジョージ）は人気が高く、ヴェネチア、モスクワ、イングランドといった国や町、果ては兵士や農民たちの守護聖人とされ、くり返し絵画のヒーローとして描かれている。姫を怪物から救う騎士の物語なので、「絵になる」のは間違いない。

——カッパドキア（現トルコ東部地方）の町シレネのはずれに湖があり、悪い竜が棲んでいた。住民は竜を宥めるため羊を毎日二頭差し出していたが、羊がいなくなったので、今度は人間をひとりずつ生贄に捧げた。その人間も減ってきて、ついには王の娘の番となり、王は八日間歎いた後、王女を湖のほとりへ置き去りにした。

そこへたまたま通りかかったのが、騎士ゲオルギウス。彼は毒の息を吐きかける竜の口へ槍を突き刺し、王女の腰紐を借りて竜の首に巻くと、犬のようにおとなしくなったその怪物を町まで連れ帰る。そして住民に向かい、「キリスト教に改宗しなさい。そうすれば竜を殺してあげましょう」と約束した。町の人々が受け入れたので、ゲオルギウスはその場で竜をうち倒した。

ひとりの聖人の力によって異教徒の国が「正しい」キリスト教へ改宗できた、メデタイ、という伝説（ありていにいえば、宗教の名のもとでの異国の征服）であり、竜が異教のシンボルなのと同様、王女はカッパドキアという国の擬人化であるため、この後ゲオルギウスと結婚して末永く幸せに暮らしました、という御伽噺にはならない。

それどころかゲオルギウスは、竜退治の後、別の異教徒の国へ行き、そこで捕えられ（なぜなら異教徒の国では、ゲオルギウス自身が異教徒であるからして）、毒を飲まされ、車裂きにされ、釜茹でにされ（まだ死なないとはターミネーターなみ）、あげくの果ては斬首され、殉教者となってしまうのである。

かくも宗教色たっぷりの話が、時を経るにつれ、竜退治の活劇シーンのみクローズアップされてゆく。時代の好みによって、また注文主の関心のありようによって、聖ゲオルギウスの美しい騎士ぶりが強調されたり（ラファエロ）、王女の逃げまどう姿がアップになったり（ティントレット）とさまざまだが、どの画家も一様に力を入れているのは、竜という架空の生きものの造型だ。東アジアでは幸運のシンボル、魔よけの力を持つ存在と崇められる竜だが、ヨーロッパでは常に天使や聖人に退治される運命にある。このアンチヒーローをいかに描くかが、画家の想像力の見せ所といっていい。

カルパッチョはどうか？　彼の竜は一見オーソドックスだ。馬より小型だし、聖人ならぬふつうの騎士でも戦いは互角になりそうな気がする。ところが絵全体から受ける印象は、そうとうグロテスクで怖い。もちろんそれは、地面に点々ところがる、この竜の「食べ残し」によってである。これを目にした途端、竜に凄みが増す。

大画面は左右に二分割されている。右側の構図は空が広く取られて収まりがいいが、左画面はなぜかこちゃこちゃ詰め込み過剰で、ネーデルランド絵画の影響を指摘されている。全体の色調が沈んで見え、遠近感も不確かなのは、偏執的なまでの細部描写へのこだわりからくる。

後景から見ていこう。言い伝えでは湖のはずだが、大型帆船が航行しているところから、これは海へ続く川か潟のようだ。ナツメヤシの木などが生え、異国風のオベリスクや建造物がはるか山上まで重なるように建っている。丸屋根を持つ円筒の美しい建物は、何層階にもわたってテラスがあり、そこから（縮小した絵ではややわかりにくいが）おおぜいのシレネの住民がこの戦いを見守っている。固唾を呑むというよりは、のんびり観劇しているふうなのも背景に書き割りめいた印象を与える一因だろう。

中景、右端では、王女が祈るように両手を合わせている。

前景は、まるで馬上槍試合だ。竜も馬も、張りぼて、とまでは言わないが、きわめて様式的な描写のため、馬の鬣がなびいているにもかかわらず、動きがさほど伝わってこない。竜、馬ともに後ろ脚はしっかり地面につき、前脚を上げたところだ。そして誰よりもおしゃれなのが、この馬だ。赤で統一した煌びやかな馬具で装い、尻尾にまで赤いリボンをつけ、顔をこちらに向けてポーズを決めている。

一方、聖ゲオルギウスには躍動感がある。鐙に力強く足をかけ、鞍から腰を浮かせ、右脇にしっかりはさんだ長い槍を操る。鈍く光る黒い甲冑、豊かな金髪、対象を見据える眼、きりっとした顔立ち……王女の曖昧な表情に比べ、はるかに彼は生きて、今ここにいて、戦っている。

竜は伝説にのっとり、蝙蝠の翼（あいにくエリマキトカゲのようで、これでは飛べまい)、長く鋭い鳥の鉤爪(かぎづめ)、魚の鱗(うろこ)、ライオンの胴体、狼の口と長い耳、とぐろを巻く太い蛇の尾を持つが、頭部に並ぶ小さな棘(とげ)といい、目の上に盛り上がったコブといい、顔の醜悪さは特筆ものだ。腹から脚にかけてのなまなましいリアル感と相まって、ぞっとするほどグロテスクで汚い。ゲオルギウスの槍で口を刺し貫かれ(槍は力余って途中で折れ、裂けている)、おびただしく流す血までがどす黒い。

この怪物の仲間である無気味な小動物たちが、石ころだらけの不毛の大地を這(は)いまわっている。トカゲ、ヒキガエル、ガラガラヘビなどだ。その同じ地面にはもっと身の毛のよだつ……竜の犠牲になった人々の、肉体の残骸(ざんがい)が散らばっている。頭蓋骨(ずがいこつ)や骨などまだましだと思えるほど凄惨(せいさん)だ。手で土をかきむしるかのような、変色した腕、こちらに向けられた足裏、片腕と片脚を食いちぎられた裸の男の死体、隣で眠っているように静かに横たわる女性も、腹から下が完全に失われている。大地が荒れ果てているのは、長きにわたって人々の血を吸ってきたせいに違いない。

書き割り的背景や、演劇的活劇シーンに比べ、床に散らばったものだけが現実そのものというところに、この絵の怖さがあるのだろう。あたかも芝居の舞台に、ほんものの血まみれ死体が散乱しているような、シュールな光景だ。

本作品は、ヴェネチアのスキアヴォーニ同信会(同信会とは宗教的慈善団体で、最盛期には百五十を数えた）の依頼によって描かれた。この同信会はダルマチア（現ユーゴスラビア南部）からの移民たちが設立したもので、彼らは兵士として対トルコ戦に参加し、異教徒との激戦を何度も経験してきた。そこで兵士の守護聖人、聖ゲオルギウスを主題とした絵を、会館内に飾ることにしたのだ。

このころヴェネチアは貿易都市国家として繁栄の頂点を極めていたが、反面、トルコばかりでなく他の国々とも小競り合いが絶えず、戦地となった場所では死屍累々を目にせざるを得なかったし、疫病（十五世紀だけで七度もペストが小流行し、人口減を経験した）にみまわれたり、土地柄、洪水に襲われたり、奴隷売買でのトラブルは頻繁だったし、公開処刑による人心の荒廃など、生の豊かさと死の無惨は——後景の立派な建物や着飾った人々と、前景の竜や屍体の残骸のように——常に隣り合っていた。

したがってここでは竜は、ただ異教徒の象徴というばかりでなく、もろもろの災厄なども含めた諸悪のシンボルなので、とてつもなく醜くなるのは当然だし、且つまた聖人ひとりで打ち倒せるほどに小型でなければならないのだった（当時はそれほどキリスト教の優位性は絶対だった）。

どことなく現代アメリカを思い起こさせる。アメリカは世界で突出した豊かな国だが、今やテロとの戦いで宗教戦争の様相を呈しているし、内政においても人種差別、マフィア、銃の乱射、ホームレス etc. と悩みは尽きず、局地的には死屍累々である。テレビ、映画、ネットといった映像で、果てしなく竜退治の物語を――ヴェネチア人がカルパッチョの怖い絵を飾ったのと同じく――くり返している。そして人々は聖ゲオルギウスの登場を願っている……いや、それともアメリカは、まだ自らを聖ゲオルギウスと信じているのだろうか（そういえばブッシュ元大統領のファーストネームはジョージだが……）。

初期ヴェネチア派の画家ヴィットーレ・カルパッチョ（一四五五頃～一五二五／二六）については、詳しいことはほとんど知られていない。生没年も実は不確かである。もっぱら各同信会のために制作し、代表作は『聖ウルスラ伝』。

作品16

レンブラント

# 『テュルプ博士の解剖学実習』

*1632*年　油彩　*170 × 216cm*
マウリッツハイス美術館

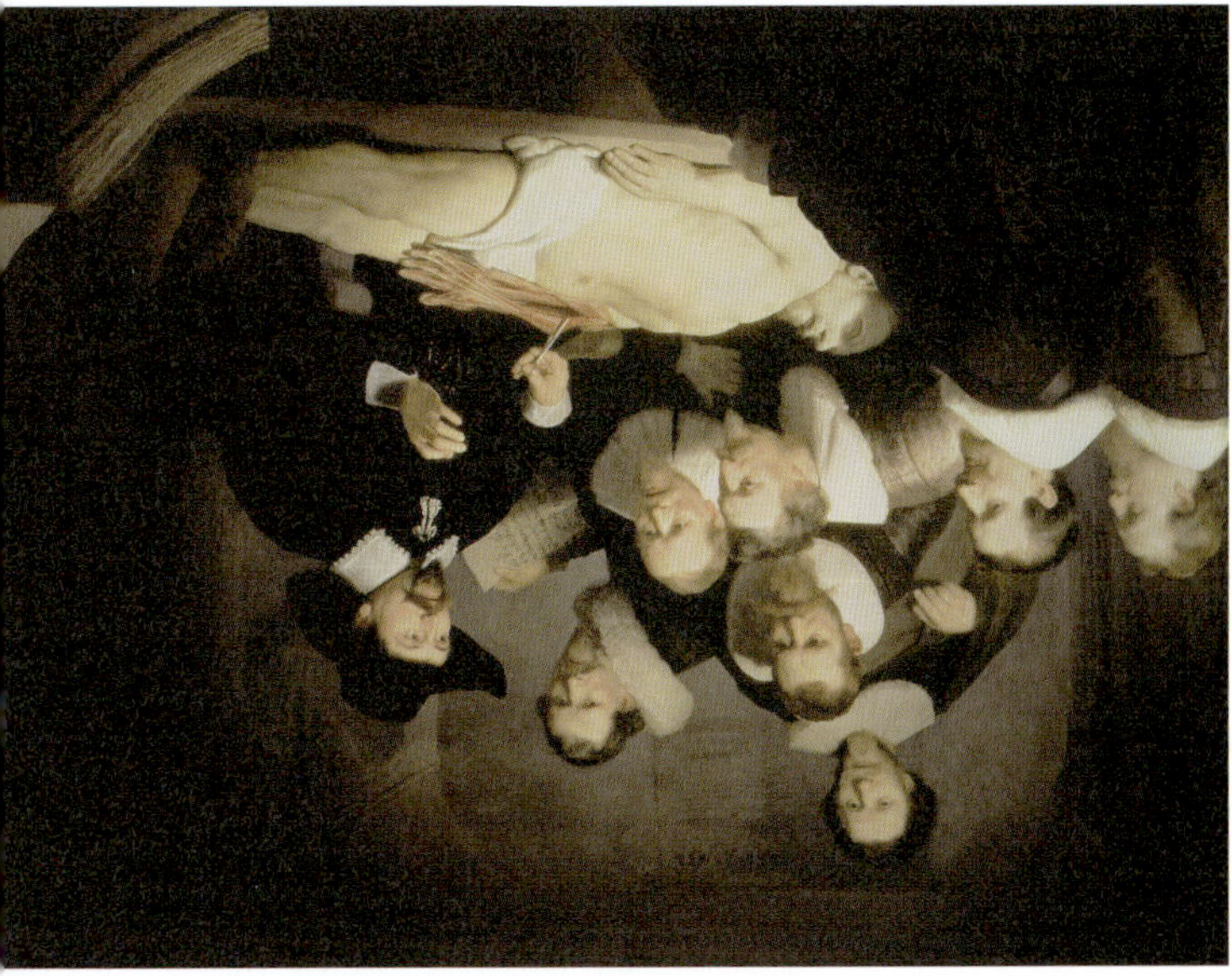

オランダの十七世紀は、他のヨーロッパ諸国が絶対王制を固めていたのが嘘のように、海外貿易を軸とした商業貴族的共和制ともいうべき社会を実現させ、空前の繁栄を誇った。アムステルダムは世界一の大都市となり、富裕な中産階級の市民たちが政治経済を動かし、とうぜん芸術もまた彼らのもので、特に絵画はどんな貧しい家にも必ず飾ってあるといわれたほどだ。

そんな中、小型肖像画の需要が飛躍的に伸び、画料の高い画家に大型の肖像を依頼する場合のグッド・アイディアも生まれた。各業種のギルドなど組織内の数人で資金を出し合い、集団でひとつの画面におさまって、完成品は組合のホールに飾ればいい——というわけで、オランダ独自の「記念集団肖像画」というジャンルが確立、たちまち流行したのだった。

アムステルダム外科医ギルドの主要メンバーもまた、自分たちの集団肖像画制作を企画し、目利き（めき）の画商に相談したところ、ちょうど地方から上京したばかりのレンブラントなる二十五歳の画家を推薦された。まだ無名の若者だが間違いなく天分があるとのことで、協議の末、依頼してみた。結果は、ずらりとこちら向きに並ぶ（卒業写真のような）平板（へいばん）な図柄になるかと思いきや……。

舞台は外科医ギルドの「解剖学劇場」、つまり観客席付き手術室。絵の依頼者である七人のメンバーが、高名なニコラス・テュルプ博士――ヨーロッパ随一のライデン大学出身――を招聘し、講義を受けている。黒い大きな帽子をかぶった博士は、威厳たっぷりに屍体の左腕の腱を鉗子でつまみ、何やら皆に説明中だ。まさにこれは「神の手」、優れた医の実践者を、視覚化したものといえよう。

受講生たちの顔の向き、表情は、さまざまである。ある者は切開された腕の内部を真剣な面持ちで覗き込み、ある者は博士の顔を見、またある者は屍体の足もとの書見台に広げられた大判本――人体解剖図が描かれているのだろう――に目をやっている。個性的で生き生きした彼らの動きと肌の色艶は、手術台に横たわる硬直した死者の、完全に生気を失って蒼白く沈んだ肌と鮮やかな対比を見せている。

画面中央から左にかけて三角形に盛り上がる人物群、博士の両手と屍体の左手が形作る小さな正三角形、死の横線、生の縦線、右の広い空間と左の密集。斬新な構図といい、印象的な光の当て方といい、臨場感あふれる静かなドラマの創造といい、これはそれまでの集団肖像画の様式を一変させる画期的な名品となり、レンブラントの名を世に轟かせ、出世の階段を駆け上らせることとなった。

野心的で自信満々だったレンブラントは、中央の壁に貼られた紙に自分の名前と制作年「一六三二年」の文字を、目立つように記している。

ところで画中の人物たちのうち、大学で医学を修めた者は何人いるだろう？　正解は、ひとり。テュルプ博士だけだ。彼だけが社会の上層部に属しているので、室内で帽子をかぶっていられる特権を持った。

では、フレーズ（首に密着した幅広の白襟）をつけて正装した、絵の出資者たちはどうか。外科医なのに大学教育も受けていないのか？　そのとおり。彼らは二年から四年の徒弟修業を受けたあと、大卒の医師団の前で実地試験を受けただけなので、実践能力はあっても、医についての学問的素養は欠けていた。

古典古代の医書を読むという文献中心主義が幅をきかせたこの時代、したがって外科医の地位は現代人の想像を絶するほど低く、「医者」と呼ばれ尊敬されるのはテュルプのような「内科医」（「解剖医」を含む）か、「病理学者」のみ。外科医は理髪師と同義語であり、仕事の範囲はといえば、ケガや骨折の治療、四肢切断、瀉血（悪血を抜くこと）、浣腸、髪の毛や髭の手入れ、鬘制作など、要するに肉体に直接触れる「手当て」全般であった。イタリアではさらに、少年をカストラート（去勢した男性ソプラノ歌手）にするための、尊敬されざる手術も加わる。

外科医たちは、現状に満足していたわけではない。地位向上を目指し、この絵のように定期的に学者の講義を受け、系統立って人体の構造を学ぶべく努力し、理髪の仕事を徐々にアシスタントにまかせ、自らは外科治療に専念しようとしていた。

集団肖像画をギルドの建物内に飾るのも大切な世間向けアピールであり、ましてや著名な博士（テュルプは後年、アムステルダム市長にもなった）に特別出演してもらい、いっしょに画面におさまるのは大変な名誉であった（それでも外科医と理髪師の分業が認められるのは、まだまだ先のことだ）。

他に留意すべき点として――オランダにおける公開解剖はこのころようやく増加しつつあるところで、見物人はもっとおおぜい、それも医学関係者ばかりでなく一般市民まで詰めかけた。まさに解剖「劇場」の言葉どおり、手術台を客席がアリーナ状に取り巻いたのだ。

また屍体の処理に関しては、腐敗を避けるため冬の寒い一時期に限定されたばかりでなく、まっ先に内臓を除去することから始められた。だから腕のみの切開というのは、通常ありえなかった。本作はあくまで肖像画なので、そのあたりが粉飾されるのはやむを得ないだろう。レンブラントは二十年後に再び解剖シーンを絵にしており、そこではすっかり内臓を抜き取られ、頭蓋（ずがい）を切開される屍体の、リアルで凄惨（せいさん）な様があますところなく描かれている。

ルネサンスあたりから高まってきた人体への解剖学的生理学的関心は、こうして着実に医学と結びつき、次の十八世紀には外科手術の飛躍的進歩をもたらすのである。外科医ギルドの七人の侍たちは、その先陣部隊といえる。

着衣の男たちのことはわかった。さて、では裸の男は？　彼は医学への貢献という崇高な気持ちから、進んで我が身を献体したのであろうか？　もちろん違う。

「小僧」というあだ名で知られたこの男は、強盗および看守を殴って重傷を負わせた咎により、絞首刑になった。冬場の死刑囚は即、解剖台へ直行と決まっていたので、ここに横たわっている。ここに横たわること、つまり遺体を切り刻まれることは、当時、一種の懲罰とされていた（こうすれば犯罪が減ると政府は考えたのだ）。人殺しをしたわけでもないのに「小僧」は首を吊られ、死んだ後もなお罰が続いているところだ。

絵の中なので下半身に布をはおってもらえているが、実際には丸裸であったし、これから骨まで裸にされるわけで、少しも敬意は払われなかった。以前は解剖される人間の顔は隠されて描かれたこともあったのに、もはやそんな配慮もない。すでに物体なのだ。人間ではない。いわんや個性などない。

遺体に対するヨーロッパ人の考えは、時として日本人にはひどく怖く感じられる。

魂の抜けた身体はモノとなる。モノとなった屍体は、必然的に商品となるであろう。そして商品に対しては需要と供給が生じる。

事実、地位の上がった外科医の数が増え、冬場以外にも解剖が行なわれはじめ、時に公開解剖は入場料を取る一大イヴェントとなり、解剖件数がどんどん増加するにつれて、死

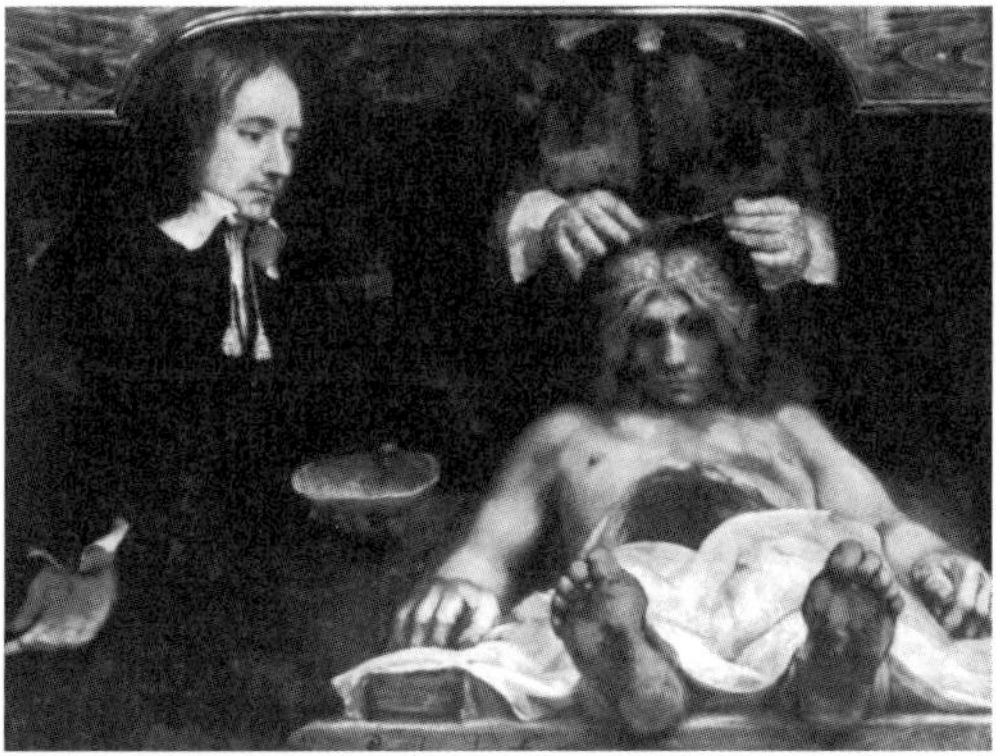

レンブラント『ヨアン・デイマン博士の解剖学講義』（この絵は一部破損している） *1656*年

刑囚の数が足りなくなってゆく。足りなくなると外科医たちはモノを高額で買うようになる。するとどうなるか？

『フランケンシュタイン』や『二都物語』に描かれた墓場荒らし、あれはフィクションではない。真夜中にこっそり墓をあばき、できるだけ新鮮な死体を調達し、高値で売りさばく「復活屋」と呼ばれる闇の男たちが、長らくヨーロッパ中で暗躍したのだ。買い取る方もうすうす盗掘とわかっていても、黙って支払いをしていたらしい。全く油断も隙もあったものではない。棺の中でさえ安心できない世の中になってしまった。

やがてこの犯罪が目にあまるということで、警察は取締りを強化、遺族たちも大事な家族を盗まれないよう自警しはじめる。するとどうなったか？

死体を盗めないなら、死体を作ればいい。今度はそう考える輩が出てきた。十九世紀初めのスコットランドで起きた、バークとヘアの二人組の事件がもっとも有名だ。彼らは係累のなさそうな浮浪者や売春婦、孤児など社会的弱者を自宅へ誘い込み、酒で酔わせては絞め殺し、わかっただけで何と十五人を殺害。そのうち十三人を同じ解剖学者に売りつけていた。これはたまたま露見した犯罪だが、一匹のゴキブリの背後には数匹が隠れているといわれるのと同じで、各国にどれだけの数のバークたちがいたか知れたものではない。

バークは絞首刑になったので、たぶん解剖されただろう。とはいえ屍体不足は解消されず、イギリス議会は同時期に「解剖法」を制定した。これは、救貧院などで亡くなった埋葬費用のない貧民の死体を解剖用にまわすという、恐るべき法律である。肉体はいったい誰のものなのか。貧しいということが、懲罰に値する罪となったのだ（反対者たちの暴動が起こったほどだ）。

罰とは違うと、ナイーヴな現代人は主張するかもしれない。しかしかつて実際に懲罰として死刑囚に加えられた行為が身に降りかかってくる時、時代は変わったとそう簡単に考えられるものだろうか？　ディケンズの小説には、どんなに貧しさに喘（あえ）いでいても埋葬費用だけは決して使わず、衣服に縫い込んで最後の支えとする老女が登場する。彼女にとって解剖台の冷たさは死の冷たさにも優（まさ）ったのだ。

十九世紀半ばのアメリカでは、明らかに人種差別的な解剖ショーが開かれたこともある。著名な興行師バーナムが、初代大統領ワシントンの乳母と称させ、せいぜい七十歳台だった黒人女性を百六十一歳という触れ込みで見世物にし、死後には「科学的に実証するため」との名目で政府の許可を取り、公開解剖に付したのだ。千五百人もの一般人が、入場料を払って詰めかけたというから怖い話ではないか。

屍体のモノ化は、その後もいっそう進んでいる。臓器売買が、金持ち＝強者による貧民＝弱者の搾取（さくしゅ）だという事実を、誰が否定できよう？　『テュルプ博士の解剖学実習』に見られた、博士、外科医、犯罪者という、みごとなヒエラルキーの展示は、今なお連綿と続いているのだ。

その一方で、だが我々は医学の進歩の恩恵を多大に受けている。怖い、というつぶやきすら偽善なのかもしれない……。

レンブラント・ファン・レイン（一六〇六～六九）は、若くして富と名声と愛妻を手に入れた。だがなぜか神は彼にルーベンスのような世俗的幸運の維持を拒む。幸せは短かった。愛する妻と子を亡くし、破産し、名声は下落した。人生に影が差せば差すほど、しかし作品は深みを、凄(すご)みを、力を、増していった。美術史を通じて世界最高峰の画家のひとり。

作品17

ホガース

# 『精神病院にて』

*1733*年　油彩　*62 × 75cm*
サー・ジョン・ソーン美術館

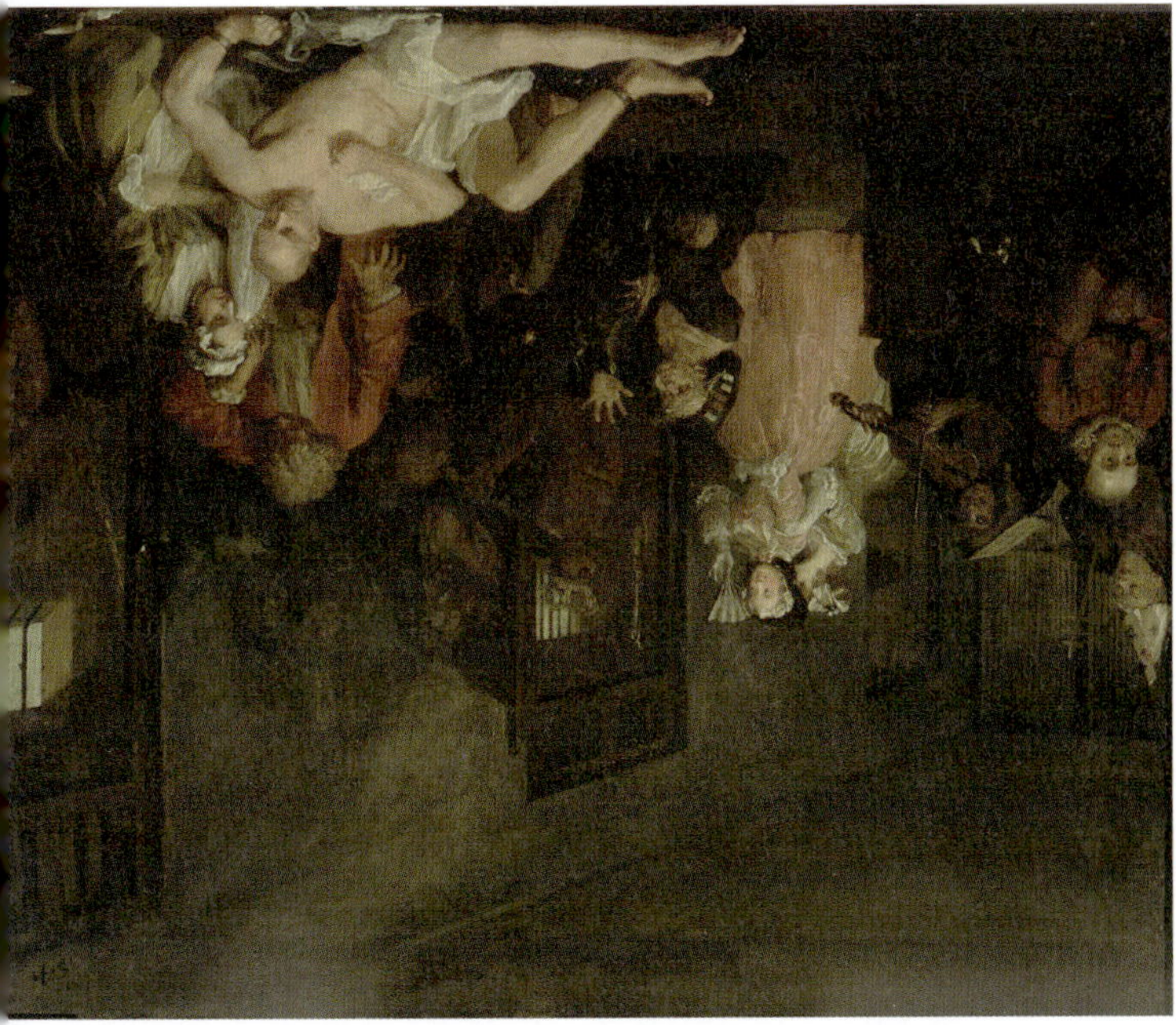

この絵は、「イギリス諷刺漫画の始祖」と呼ばれるウィリアム・ホガース（一六九七〜一七六四）が、自分でストーリーを考え、シリーズとして油彩に描きおこした八枚組『放蕩児一代記』の最終場面である（後にこのシリーズは銅版画として大々的に売り出された）。

舞台はロンドンに実在した、ベスレヘム精神病院、別名ベドラム。主人公は画面手前に半裸で鎖につながれた、坊主頭の若者。名前はトム。彼がここに収容されるようになった経緯とは――

オックスフォード大学で勉学中だったトムは、父の突然死で莫大な遺産を受け継ぐことになり、庶民階級の恋人サラの妊娠を知りながら涙金で追い払い、故郷へ帰る。周りにはゴマすりや遊び仲間ばかり集め、底抜けの放蕩三昧、酒池肉林のあげく、たちまち破産し、債務者監獄へ入れられる。サラが金を用立ててくれたおかげで、どうにかそこを出ることができたというのに、トムは再び彼女を裏切り、金目当てで富豪の老未亡人と結婚。式場へ赤子を抱いたサラがやって来ても無視する。やがて博打の味を覚え、老妻の財産まで使い果たしたトムは、さすがに精神的に追いつめられてゆく。一縷の望みを託して書き上げた戯曲が不採用になると、別人のように面変わりし、自殺未遂のあげく……。

とうとう悪名高いベドラムへ入れられた、というわけなのだ。

トムのかたわらで涙しているのは、こんなダメ男なのにまだ愛し続ける哀れなサラである。彼女を引き離そうとする病院の医者、トムの足に鉄鎖をつける下働きの男がそばにいる。背後の暗がりにはさまざまな患者たち――個室で十字架を前に恍惚と祈る狂信家、天文学者のつもりで丸めた紙を目にあてる者、裸の王様、滑稽な顔を作る仕立て屋、楽譜を頭に載せてヴァイオリンを弾く音楽家、三角帽をかぶった法王、高級売春婦のポートレートを首にまきつけて物思いにふけり、犬に吠えられても気づかない失恋男など――が蠢き、異様な熱気に満ちあふれている。熱気と臭気、そして絶え間ない騒音だ――祈禱、すすり泣き、怒鳴り声、意味不明のつぶやき、楽器のキーキー音、鎖のジャラジャラ音、犬の吠え声……。

英語でベドラム（bedlam）といえば、「大混乱」「狂騒」「てんやわんや」の意だが、もとはといえば、ベスレヘム、即ちイエスの生誕地ベツレヘムのことで、その名を冠した病院名が訛ってベドラムとなり、そこがかくも喧騒の場であるところから、「ベドラム状態だ」という使われ方をするようになった。ということは、精神病院の中が現実にこの絵のとおりだと皆が知っていたわけだ、何しろ新語ができるためには、おおぜいの人々に共通の認識がなければならないのだから。

そのとおり。ヨーロッパ最古の精神病院であるこのベドラムを知らないロンドン子など、ひとりもいなかった。当時、ここは大人気の観光名所だったのだ。

ホガースの絵にもどろう。トムとサラは当然として、左奥の女性ふたりにまでスポットライトが当たっているのはなぜか？　彼女たちがここの住人でないこと、見物客であることを、一目でわからせるためである。美しく着飾った手前の女性は、流行の毛皮のマフと高価な扇子を持ち、裕福な上流階級らしく驕った態度で周りを見下し、耳もとで何やらささやく侍女の言葉に口もとをほころばせている。お嬢さまは自分では「慰問」のつもりの、しかし明らかな物見遊山中なのだ。実に良い気晴らしであったろう、「変てこな」ふるまいをする人間たちを観察するのは。

いや、彼女たちが見ているのは「人間」ですらなかった。狂気に陥った人間は病人どころかすでに人間の範疇を離れ、動物になり果て、「珍獣」と同じ、というのがこのころの一般的な捉え方だった。今でいえば動物園へ行く感覚で、だからこそ病院側もひとり一ペニーの入場料を取り（形の上では公開に際しての「寄付」という名目だが）、子ども連れもオーケーで見学させていた。経営は順調、というよりほくほくの黒字だったため、月に一度は無料の日まで設けたほどだ。

詩人ウィリアム・クーパーも少年時代にベドラム見物し、「あまりにおかしな患者もいて、笑わずにおれなかった」と書き残している。ただし彼は、つい面白がってしまったことへ自己嫌悪も覚え、「自分にひどく腹が立った」とも記している。

患者の症状を笑い、面白がる――それだけでも十分残酷なのに、見物人の中にはわざと患者を刺激し、過剰反応を引き出して喜ぶ者もいた。言葉や態度で興奮させたり、ジンを飲ませてへべれけにさせたばかりではない。実際に身体を小突いたりしたことは、そのための長い棒の持込みが許可されていたという暗澹たる事実が物語っている。これでは病院側の態度、治療の程度も知れるというものだ。

ベドラムに長く勤務したモンローという医師が、「父から伝授されたもっとも効果的な治療法」なるものを発表しており、それは一年に一回春先に行なう瀉血であった。その後は週一度吐剤を飲ませ、さらに下剤をかけるのだそうで、要するに貧血や空腹にさせて、手っ取り早くおとなしくさせるということにすぎない（暴れる者への懲罰的水風呂もあった）。

魔の都ロンドンだからこそ起こりえた、これはおぞましい過去だったのだろうか？　違う。イギリス中の精神病院が、それどころか、フランス、ドイツ、スペインなどヨーロッパ各国どこの精神病院も、状況は似たりよったりだった。

パリにはヨーロッパ最大規模の収容所サルペトリエールがあったが、ここには犯罪者も孤児も貧民も売春婦も、いっしょくたに投げ込まれていた。スペインではゴヤが『サラゴーサ精神病院』を描いている。いかにもゴヤらしく、狂的エネルギーの噴出を自らも一体となって感じながらの凄まじい迫力だ。

ドイツでは、ゲーテ時代の作家ハインリヒ・フォン・クライストが、恋人への手紙の中で、ヴュルツブルクのユーリウス精神病院見学記（もちろん「寄付」をして入った）を書き送っている。曰く——

「勉強しすぎでおかしくなった教授、不満と傲慢から気の触れた商人、鬱々とする僧侶など」の他、「もっとも怖ろしい例は、不自然な悪徳によって錯乱した若者の姿だった。ついこの前までは生き生きとして美しかったそうで、まだその跡をとどめている十八歳の彼は、むき出しの蒼白い痩せこけた手足をし、胸はくぼみ、頭は力なく垂れて、不潔な穴の上にかがんでいた。（……）両手は後ろ手に拘束衣に縛られている。ものを言おうにも舌が動かず、息する力もほとんどなかった。彼の脳細胞は狂っているというより、萎えて虚脱状態になっているのだ。（……）自然は、その意志に反した悪行に対して、こんなにも恐ろしい仕返しをする！」（拙訳）

いったいこの若者は、どれほどのことをしでかしたというのか？　おどろおどろしい響きの「自然の意志に反した悪行」とは、いったい何なのだろう？——現代人にはのけぞるしかないその大罪とは、マスターベーションのことである！

不健全な、即ち子どもを産むためではない不毛のエロスは罪とされ、それに淫しすぎれば頭がおかしくなると信じられていたのだ。クライストも時代の子だったから、「狂気は道徳の低さの結果」という見方に何ら異議を唱えていない。

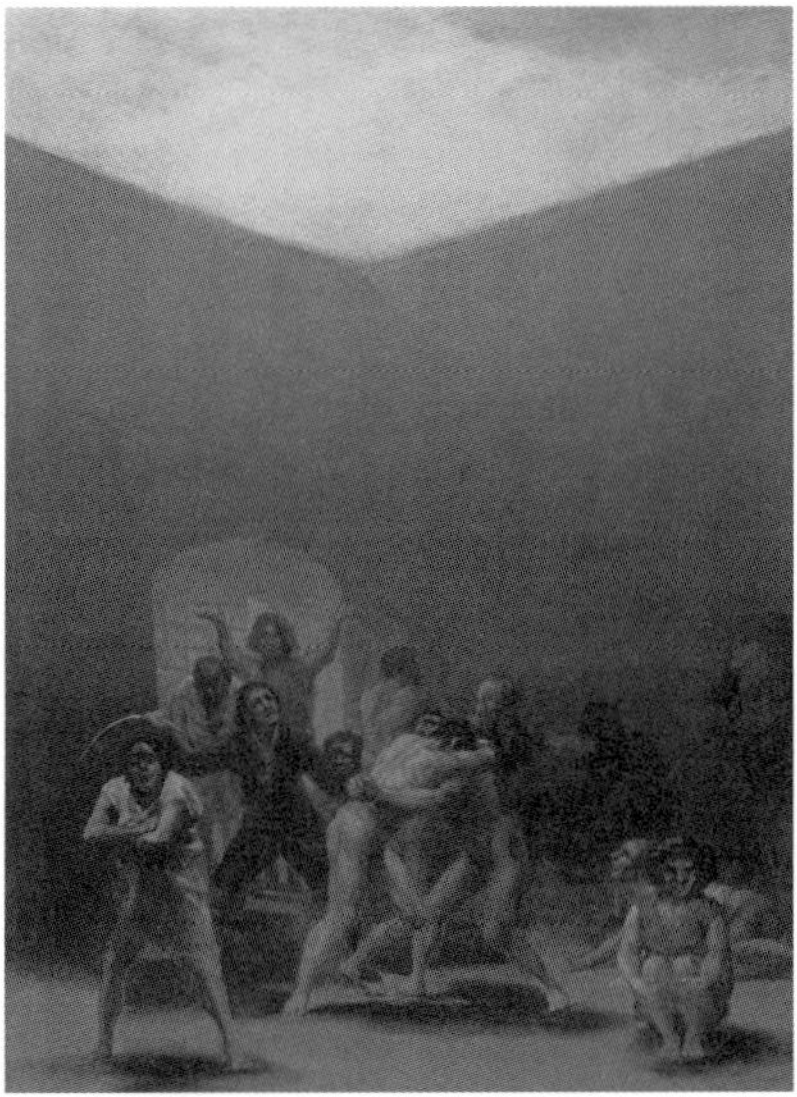

ゴヤ『精神病院の中庭』*1794*年

もう一度ホガースの絵にもどろう。

精神の死ともいえる狂気に陥るのは怖い。それを見物して娯(たの)しむ人の心も怖い。さらにもうひとつ怖いのは、狂人という定義の曖昧(あいまい)さである。トムはベドラムへ入れられるのが嫌で抵抗したため、凶暴な患者として鎖につながれ、放心して焦点の定まらない眼をしている。だがそれを狂気と呼べるのか？　放蕩の末、全財産を失い、絶望し、自殺未遂をしたが、それを狂気のゆえと断定できるのか？

この時代、「人間」の範囲はずいぶん狭く、その分「狂気」の範囲はゆったり広く取ってあった。精神病者と犯罪者の区別も曖昧であり（ジョージ三世を暗殺しようとしたハドフィールドは四十年近くベドラムに入れられ、詩を書いて過ごした）、異端者や売春婦や物乞(ものご)い、アルコール中毒者、そしてトムのように不道徳な者、一時的に鬱状態になった者までもカウントされた。

二十代前半にしかならないトムの肉体はまだ若々しい。しかし長い間見世物に供され笑われ棒で突かれれば、いずれクライストが見た悪行の若者のように、「胸はくぼみ、手足は痩せこける」であろう。暴れて拘束衣を着せられたり鞭(むち)打たれることもあるかもしれない。そうなれば「舌も動かず息は詰まり」、萎えて虚脱状態にもなるだろう。今度こそほんとうの狂気に逃げ込まざるを得なくなるかもしれない。

ホガースは『放蕩児一代記』シリーズで、放蕩人生のゆきつく果てを描いて鑑賞者に教訓を垂れた。それは間違いない。しかし七枚目までのトムを、愚かしく滑稽な存在として痛烈に諷刺(ふうし)したのに対し、最後のこの八枚目のトムだけは少しも笑い者にはしていない。むしろ悲劇的な姿に描いている。意地悪なホガースでさえ、数年のどんちゃん騒ぎと、その十倍もの長さの監禁状態が釣り合わない、と感じたのではなかろうか。

作品18

ファン・エイク

# 『アルノルフィニ夫妻の肖像』

*1434*年　油彩　*82 × 60cm*
ロンドン・ナショナルギャラリー

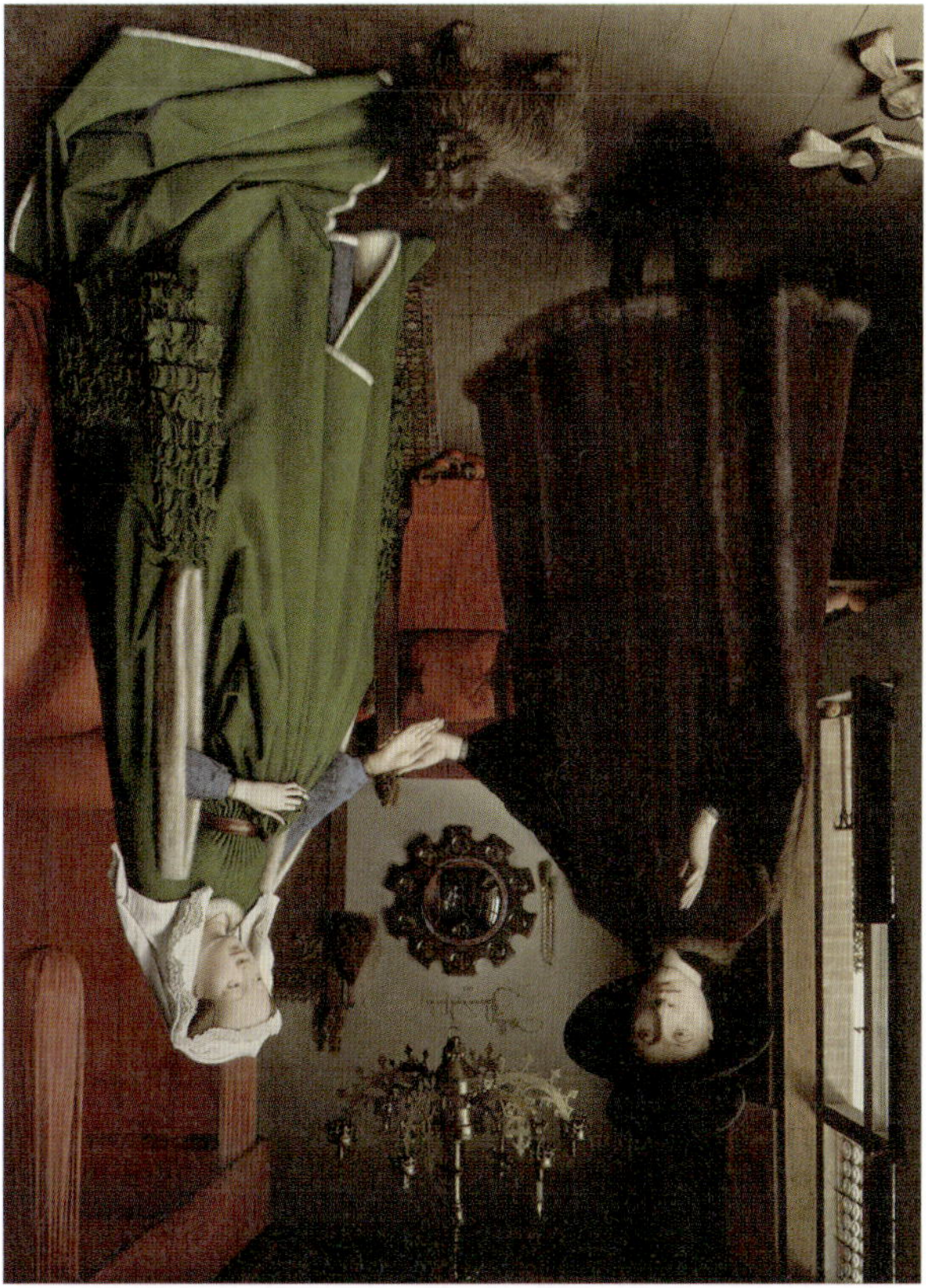

サイズは小さいがビッグ・ネームのこの絵画については、多くの美術書がだいたい次のように解説している。

ブリュージュ（現ベルギー）の富裕な商人アルノルフィニ氏は、イタリアのルッカ出身。今しも花嫁の手を取り、結婚を宣誓しているが、そのことは、画面のすみずみにまでちりばめられた各シンボルから読みとれる。

まず「脱ぎ捨てられたサンダル」、これは「聖なる場所では履物を脱げ」という聖書の言葉にのっとり、ここが「婚姻の神聖な場」であることを示す。「燭台(しょくだい)に一本だけ灯(とも)るロウソク」も、中世以来「結婚」の象徴として知られてきた。

右手奥のベッドサイドに椅子が置かれ、その高い背に彫られているのは「安産」の守護聖人「聖マルガレーテ」像だ。同じところにぶら下がった「刷毛(はけ)」は、聖なる香油をふりまくためのもの。鏡をはさんで左には、「水晶のロザリオ」が掛かっている。水晶は「純潔」の、ロザリオは「結婚の美徳」をあらわし、新婚の夫から妻への典型的プレゼントといわれる。足もとの「犬」は「繁栄」と「忠誠」のシンボルだ。

また窓辺にさりげなく置かれた「果物」、これはアダムのリンゴ、即ちこの新婚夫婦も背負っているはずの「原罪」をあらわすが、十字架による「救済」もちゃんと描かれている。凸面鏡のぐるりに浮彫りされた、十のメダイヨンの十のシーン――「十字架の道行き」「磔刑」「埋葬」「復活」など――がそれだ。
だが何よりの証拠は、この鏡の上にみごとなゴシック体で書かれた「ヤン・ファン・エイクここにありき、一四三四年」というラテン語署名である。単にこの絵を描いたのは自分だと言いたいのなら、「ここにありき」とは書かないだろう。画家は実際に今この場に、いるのであり、それは凸面鏡を覗いて見ればわかる。

アルノルフィニ夫妻の向こうに、画中には描かれていないふたりの訪問者が、ちょうど扉を開けて入ってくるところが映っている。間違いなくそのひとりがファン・エイクで、彼はアルノルフィニ氏の婚姻儀式に、画家としてではなく友人として立会うため（当時は司祭の立会いは必要なかった）、やって来たのだ。

つまりこれは、肖像画の依頼を受けた画家自らが、結婚の証人という役割を担って画中画にこっそり登場するという、きわめて凝った造りの作品である。

――これだけでも十分面白い（絵本『ウォーリーをさがせ！』の楽しさに通じよう）。その上にこの驚異的細密描写だ。何たる執拗、何たる徹底ぶり。カメラなき時代の、絵筆による写真ともいうべき完成度だ。

左手の窓からこぼれ入る、北国の澄明な陽光。ひんやりした肌触りさえ感じられる、真鍮製シャンデリア。凸面鏡の中の歪んだ映像。ベッドカバーに差す夫人の影。贅沢な東洋風絨毯。ふさふさした犬の毛並み。使いこんだ床板の年輪。寿命も占えそうな掌。衣装の質感、その襞と翳……どれもリアルな迫真性で見る者を圧倒する。画家のエネルギーの全方位性には、ほとんど感動してしまう。

目に見える全てを描かずにおかないネーデルランド絵画のこうした特質を、ルネサンス人ミケランジェロは、「あらゆることを成就させようとして、けっきょく何ひとつ成就できなかった」と痛烈に批判しているが、しかしそれは芸術によって「美の理想」を目指すか「現実の再現」を目指すかの違いにすぎないだろう。ミケランジェロにしてからが、どんな筋肉も描きもらしたくないとの想念に捉われ、女性の裸体まで筋肉隆々のマッチョなものにして、「解剖学を重んじすぎる」（ルノワール曰く）と責められているではないか。『アルノルフィニ夫妻の肖像』の凄さは、「細部に神が宿る」ことを証明しているからだけではない。構図も色彩も最大の絵画的効果を上げるよう、綿密に計算されている。シャンデリアの腕の拡がりと、夫妻のつないだ手の形が呼応しているのがわかるだろうか？これによって鑑賞者の眼は、その両者の間にある丸い鏡へと自然に誘導されてゆく。夫の上着の短さと、妻の衣装の裾の長さ、その間に立つ仔犬や、手前のサンダルなどの配置にも神経がゆきとどいている。色の組み合わせでいえば、ベッドカバーや天蓋、長椅子のクッションに使われている華やかな赤は後方に沈ませ、夫の帽子の黒と妻の頭巾の白、夫の

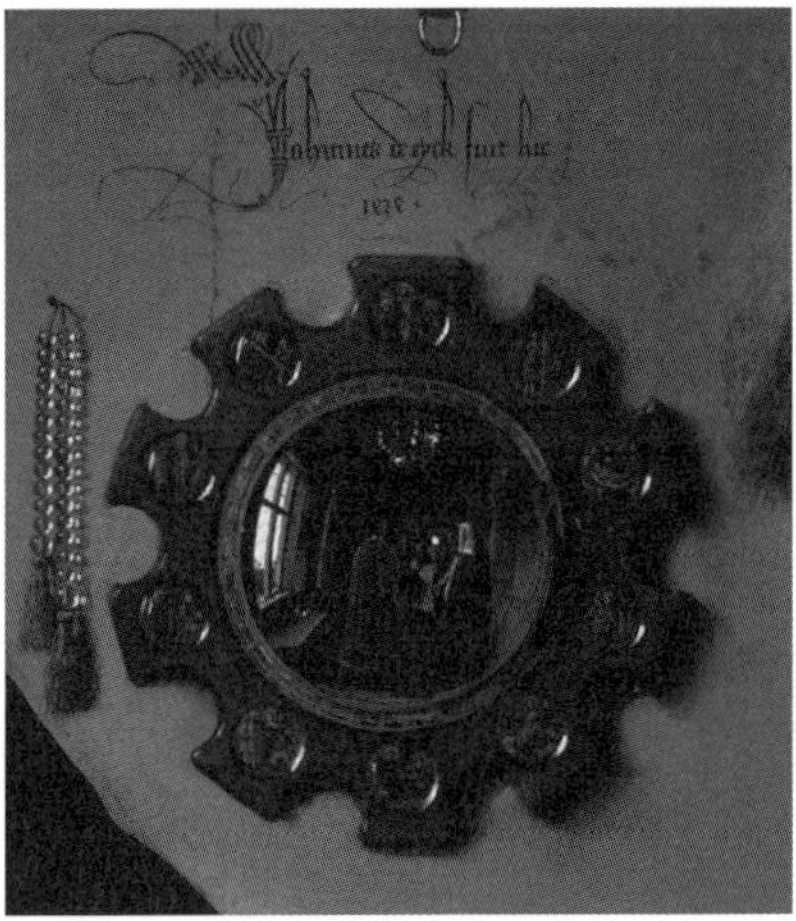

ファン・エイク『アルノルフィニ夫妻の肖像』（部分）

黒紫がかった服と妻の緑色のガウンが対比させられる。光と影の配分も申し分ない。

だが何よりこの作品は、当時二つの点で画期的だった。ひとつは油絵の具の新しい使用法である。それまでのフレスコ画ではできなかった細かな描写や鮮やかな色合いは、油彩で初めて可能になったのだ。

もうひとつは肖像画としての新機軸である。かつて肖像といえば上半身だけとほぼ決まっていたのを、全身像、しかもふたり並べての全身像が試みられている。これだけでも驚くに値したが、おまけにそのふたりが何らかの行為（我々の目にはずいぶんおとなしいものだが）の最中である。同時代の人々にとって、これはまことに斬新な、革命的といっていいほどのスタイルであった。


なるほど、美術史的価値はわかった。

しかしそれだけで何世紀もの間、人気を保てるものだろうか？　まして油絵の具は改良され、写真も発明され、ありとあらゆる技法が試され、絵画というジャンル自体、爆発的に拡散しつつある今現在、はるか六百年近くも昔の——ジャンヌ・ダルクが火刑に処せられたのは、この絵が発表されるつい三年前だ——小品が、なぜまだ人々を魅了し続けているのだろう？　巧みに描かれているとか、多様なシンボルが隠されている、というだけが理由ではないはずだ。

この絵を名作たらしめている、真の理由――それはモナリザの場合と同じに違いない。つまり登場人物の「顔」だ。若すぎて（十四、五歳で結婚するのはふつうのことだった）、まだ何の個性もない新婦の顔ではない。隣のアルノルフィニ氏の顔である。目が吸い寄せられるほど強烈な、この顔である。

もしここに別の顔を置き換えたらどうなるか、想像してほしい。夫人に釣り合う美男だったり、ヴァン・ダイク描く貴族のように高貴であったり、見るからにやさしそうな顔であったら、間違いなく絵のインパクトは半減するだろう。それほどアルノルフィニ氏の顔つきの、磁力は圧倒的だ。この絵には絶対こうでなければならない、という変換不能の顔（モナリザのように）なっている。北欧の美術館のミュージアムには、ムンクの例の「叫び人形」とともに、アルノルフィニのフィギュアも売られていたが、それはやはり皆が彼の顔に何かを――怖さをも――感じたからではないか。この男はいったい誰だろう、知りたい、と思わせるオーラを発しているからではないか。

顔はやはり多くのことを語る。アルノルフィニ氏は、一度見たら決して忘れられない顔をしている。まずパーツが矛盾している。つるんとした卵型なのに、顎（あご）には男っぽい切れ込みがある。眼は爬虫類（はちゅうるい）めいて怜悧（れいり）冷酷なのに、形の良い唇はふっくら肉感的だ。眉（まゆ）は細すぎ、鼻は立派すぎ、薄い皮膚には自信と誇りがはりつき、大きすぎる帽子の下には、つるっぱげの頭があるのかもしれない。極端ななで肩、ほっそりした指、烏（からす）のような衣装、それらを含めて全体にどこかしら残忍さが漂う。新婚の夫らしい愛情など、みじんも感じられない。

おかげで本来は寿ぎの場であるここに（たとえ当時の結婚の多くが打算的なものだったにせよ）、人間的温かさや喜ばしさといったものが感じられなくなってしまった。逆にいうと、夫にしたくないナンバーワンと呼びたくなるアルノルフィニ氏の冷たく計算高い顔のおかげで、この絵は俄然、魅力を増した。何なんだ、これは、この、まるで「突然召喚された魔術師」みたいな男は、と誰もが足を止めることになった。よくわからないけれど凄い、と思わせる異様に活気ある絵となった！

見直せば、画面全体にも何がなし違和感がある。ふたりが着ている衣服は素人目にもずいぶん豪勢なもので、市民階級とも思えない。新郎の袖なし上着は両脇のスリット部分までミンクの毛皮で縁どりされているし、新婦のは白テンの毛皮付き、しかも裳裾のこうした長さは、歩くとき侍女にでも掲げ持たせていたことを意味する（腹部が大きく見えるのは妊娠しているからではなく、流行のファッション）。シャンデリア、鏡、果物も高価な品々であり、飼い犬もまたちょっとしたステイタスシンボルであったろう。ところが住い自体は、全くこれらと釣り合わない狭苦しさだ。窓の上部にだけは当時貴重だったガラスが嵌めこんであるものの、木製の天井や床はむき出しだし、壁は寒々しい。アルノルフィニ氏の顔のように、どうも奇妙な印象だ。はたして彼の自宅なのだろうか？

脱ぎ捨てたサンダルの解釈も万全とはいえない。ここで裸足(はだし)になる意味は聖書によるとしても、こんなふうに一見乱雑に置きっぱなしにするのはなぜなのか。しかも夫の簡素な木製サンダル（泥道を歩くのに市民階級が履いていたもの）は爪先を付けた形で置いてあり、奥にある妻の赤いサンダルは反対に踵(かかと)を付けてある。これが何かを意味するのは確かだが、未(いま)だ謎のままである（おそらくは性的意味合いと思われるが）。

身元調査へもどろう。この人物がアルノルフィニ氏であることは、ファン・エイクがもう一枚オーソドックスな、つまり上半身だけの肖像画を描いており、その顔がこの顔なので間違いない（間違えようがない）。

このころのブリュージュはまさに最盛期。後世のクノップフが『見捨てられた街』（「怖い絵」参照）に描いた「廃位された王妃」になり果てるなど、予想の外といった活況を呈していた。ロンドンと並ぶヨーロッパ有数の国際貿易都市だったのだ。あるスペイン貴族による旅行記には、「ブリュージュの人々は豊かで、服装の好みはうるさく、食事は贅沢で、多くの奢侈(しゃし)品に囲まれて暮らしている」と書かれている。

イタリア人以外にも、ドイツ人、スペイン人、ポルトガル人など、外国商人は多いときで四百人ほどが定住していた。互いに鎬(しのぎ)を削っていたわけだが、やり手のアルノルフィニ氏が遅れを取るはずがない。彼は商人とはいっても現物を扱うのではなく、金融業。ブリュージュの他パリでも活動し、ふたつの宮廷と深い関わりを持ち、成功していた。

こうした仕事に加え、彼の顔が時空を超えた「抜け目なさ」の典型に見えるせいだと思われるが、ほんとうにこの絵が、双方にとって祝うべき婚姻だったか疑う美術史家が現れた。新説によれば——アルノルフィニ氏は左手で新婦の右手を取っている。正式の結婚なら互いに右手を握り合うものなので、これはいわゆる「左手結婚」、つまり身分違いの者どうしの結婚である。こうした貴賤結婚の場合、配偶者にも生まれた子どもにも相続権はない。しかし後の生活保障のため、初夜の翌朝、それ相当の財産が分与される。『夫妻の肖像』は、そうした「朝の贈与」のシーンなのではないか、というのだ。

要するに金持ちのアルノルフィニ氏は、階級下の可愛い少女を妻とはしたが、それは今でいう愛人を囲うのにやや近く、彼女は氏が生きている間だけ身分が保証されるが、死なれた場合は金銭こそもらえるものの身分的には再びもとの場へダウンしてしまう。そういう結婚の儀式だったのであろう、と。

まだ完全に証明されたわけではないし、反論も多いが、なかなか面白い説ではないか。これだと謎がするする解けてゆく気がする。

アルノルフィニ氏にとって、これはきっと自分に有利な契約だったに違いない。画面を覆う雰囲気は、愛し合うふたりが神のもとで婚姻を誓っているというより、無事契約終了の趣なのだ。彼は今、自力でゲットした多くの富——なかんずくトロフィー・ワイフを

——周りに並べてご満悦中だ。

こうして絵画の一部は中世の大伽藍(だいがらん)を抜け出て、神への捧(ささ)げものから純粋に個人のものとなり、限りない自己愛と肖像画がドッキングした。もちろんアルノルフィニ氏も、自分のこの顔が大好きだったのである。

ヤン・ファン・エイク（一三九〇頃～一四四一）は、ネーデルランド画派の創始者と言われる。ブルゴーニュ公国のフィリップ善良公に、画家としてだけでなく外交官としても仕えた。生前から、アルプス以北最大の画家と讃(たた)えられ、後世のフェルメールに多大な影響を与えている。

作品19

ハント

## 『シャロットの乙女』

*1905*年　油彩　*188 × 146cm*
ワズワース・アシニーアム美術館

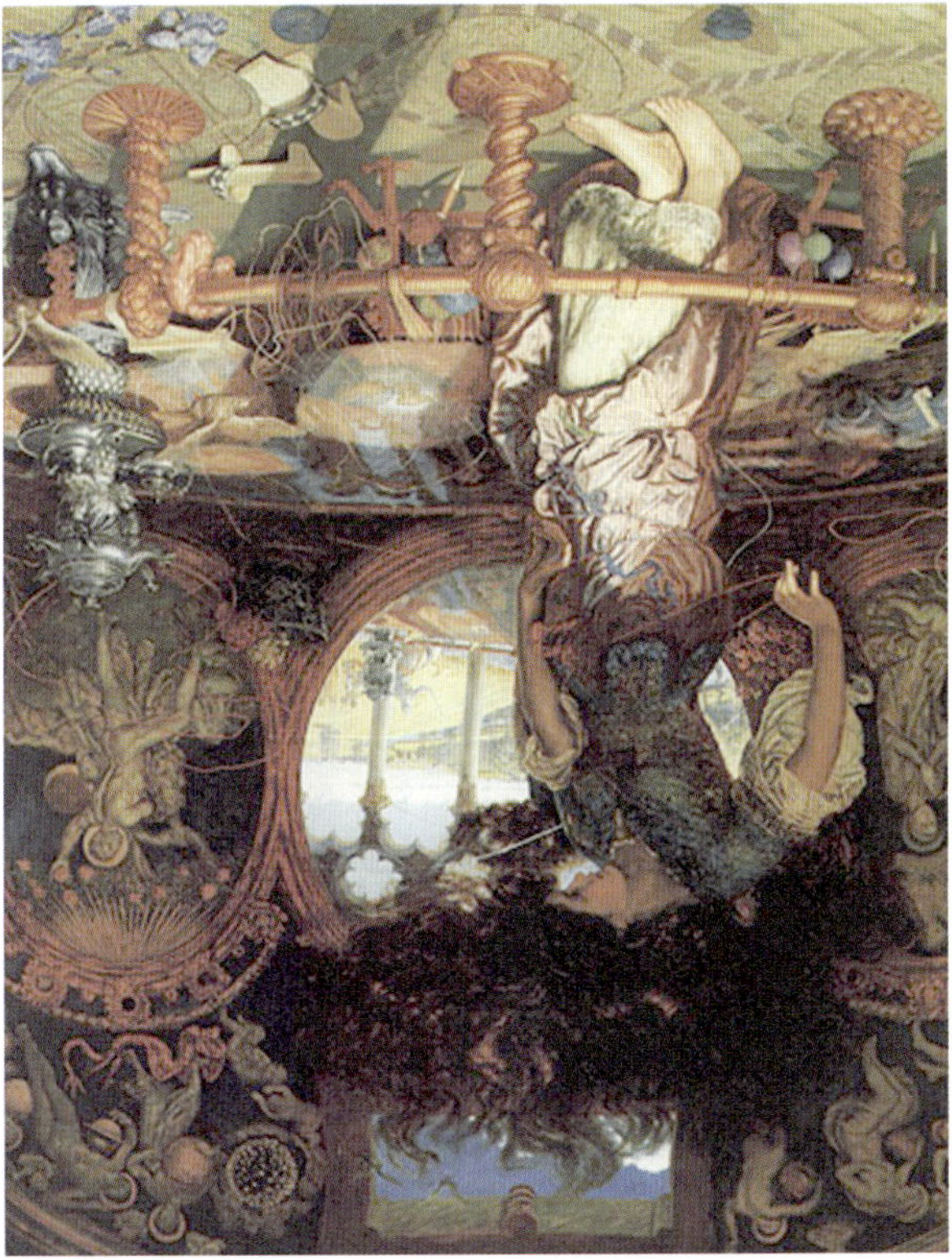

何が起こっているのだろう？

何が起こっているにせよ、それは怖ろしいことに違いない。張りつめた表情、緊迫感漂う肉体の動き、とりわけ夏空に雷雲が盛り上がるように、凄まじい勢いで沸き立つ髪の毛。そのありえない髪の乱舞は、ほとんど彼女の上半身を翳らせるほどだ。

背後の円い鏡にも、ピキッと裂け目が……そう、鏡は横にひび割れた。

『鏡は横にひび割れて』――これはアガサ・クリスティ晩年の名作のタイトルにもなっている。クリスティはアルフレッド・テニスンの詩――「鏡は横にひび割れぬ／「呪いが我が身に！」／シャロットの乙女は叫べり」――を巧みに引用し、このミステリにやるせない悲しみの色を添えたのだった。

テニスンの詩を見よう。アーサー王伝説をもとにした『シャロットの乙女』は、四部構成の物語詩である。三部までのストーリーは――

第一部。川の両岸に麦畑が果てしなく広がり、一筋の道がキャメロットの町へ続いている。川の中州には灰色の城砦があり、そこの塔にシャロットの乙女が住むことは時おり聞こえる歌声で知られていたが、姿を見た者はまだ誰もいない。

第二部。塔の中でシャロットの乙女は昼も夜も、色とりどりの糸でタペストリーを織っていた。モチーフは鏡を通して見た人々や出来事、季節の移り変わる風景など（「乙女の前に掛けられた／澄みし鏡に映るのは／この世に起こる動く影」）。鏡を通さず外界を直接目にすると呪いがかかる、と言われていた。あるとき若い恋人たちが鏡に映し出される。ふと乙女は、影だけの世界に嫌気がさす。

第三部。麦畑の向こうから、颯爽と馬を駆って騎士ランスロットが登場する（「キャメロットめざして進む彼の／その兜も兜の羽飾りも／燃える炎のごとく輝けり」）。華やかに飾り立てた、凜々しいその姿。川に近づいたとき、つややかな黒髪と端麗な顔立ちもはっきり見えた。シャロットの乙女は織り機の手をとめ、ふり向き、立ち上がり、窓から下を覗いてしまう。たちまち布はばらばらにほどけ、鏡は横にひび割れて、身に呪いが降りかかる。

ハントがドラマティックに視覚化したのは、呪いがかかった瞬間の乙女像であった。テニスンの詩には髪や糸についての描写はなく、これはいかにも画家の眼を感じさせる絵画的表現だ。めざましい効果を上げている。生きもののように蠢く髪の毛、下半身にきつく絡まる（あまりにあからさまな束縛の象徴！）無数の糸は、詩のクライマックスにいっそうの衝撃度を加え、すでに無意識ではあろうが、両手は糸を引きちぎろうとしている。

彼女の情熱はもはや自分でも制御不能なのだ。

シャロットの乙女がこれまでどれほど自らの定めに従順であったか、というより、そう仕向けられてきたかが、さまざまな小道具によって仄めかされる。まず織り機がふつうの型とは違い、大きな円形の枠に糸をかける式のものなので、乙女は塔の中、その中の部屋、その中の織り機と、幾重にも閉じ込められていたのがわかる。肉体的な封じ込めばかりでなく、外を見れば呪われる、というささやき声を絶えず聞かされることで、心理的にも縛られていたのだ。

途中まで織り上げたタペストリーの中央部には、聖杯のモチーフが見える。手前の脱いだサンダルは、（本書作品18『アルノルフィニ夫妻の肖像』と同じく）ここが神聖な場所であることを示す。右手に銀色の凝ったランプが置かれているが、上部にはフクロウ、脚部にスフィンクスが彫刻され、知恵が本能より上位にある証しとされる。天井に近い壁にも、竜が神々に退治される図が描かれ、鏡の両側の大きな浮き彫りは、左が聖母マリアと幼子イエス、右がヘラクレス。ヘラクレスはヘスペリデスの園の蛇を殺し、リンゴを取っているところだ。つまり悪徳に対する勝利、守るべき純潔と正義、行なうべき義務と労働が、乙女に課されてきたのだった。

なんたる息苦しさ！

ハントの細密描写が異様なまでに精緻きわまることもあって、乙女が次第に窒息しかけていった気持ちがよくわかる。閉所恐怖症には耐えがたいこの薄暗い空間に比べ、円い大鏡に映る広い外の世界には、明るい陽光、豊かな田園、悠然と流れる川、かぐわしい空気と自由があふれている。そこへ運命の騎士ランスロットが現れたのだ。その美貌の青年は、女性に夢を見させる何かを備えていた。もう迷うことはない！

シャロットの乙女が敢然と外を見たこの瞬間は、呪いがかかったと同時に、マインドコントロールの解けた瞬間ともいえよう。定めが破られたのでランプの火は消えてしまい、それまでそばに寄り添っていた二羽の金の鳩も羽ばたいて飛び上がる。彼女もまた鳥のように織り機の枠を飛び越えて、まといつく糸を引きちぎり、恋する男のもとへ走ってゆくはずだ。

はたして騎士は乙女の愛に応えてくれるのか？　詩の最終章を見よう。

第四部。塔から出ると騎士はすでにキャメロットへ去っており、空には暗雲垂れ込めて、やがて激しい雨となる。川辺に小舟を見つけた乙女は「己が身の不吉な運命を見据え」、乗り込む前に舳先に「シャロットの乙女」と書いておく。舟がはるばるキャメロットへ流れ着いたときには、「彼女の血は凍えはて」、冷たい骸となっていた。この女は誰だ、どうしたのだ、と集まってくる人々の中にランスロットもいて、小舟の文字を読み、「愛らしき顔のこの乙女／シャロットの乙女に／神よ、恵みをたれたまえ」と祈る。

これが乙女の恋の顚末である。

ランスロットにとって彼女は見知らぬ女性でしかない。うら若い身で死んでいる姿をただ憐れむだけで、まさか自分への恋心ゆえに命を捨てたとは想像の外だし、おそらく一生知らないまま終わるのだろう。そもそも彼には彼の運命の女性――アーサー王妃――がいた。

乙女は勝手に恋して勝手に死んだのだ。思いを告げるどころか、目と目を見交わすことすらできず、冷たい骸としての自分しか見てもらえない。

究極の片恋――掟を破った乙女への、それは懲罰なのか。

テニスンはこの詩を、「影の世界が愛によって現実に変わる」隠喩として書いたという。だがヴィクトリア朝時代の道徳家ハントは、善悪の相克を図像にちりばめ、絵画による説教を試みるのが好きだったから（代表作『良心の目覚め』に典型的に見られる）、ここでも「堕落した女には悲惨な結末が待っている」とのメッセージを込めようとした。女性として果たすべき役割を放棄し、守るべき純潔を捨てようとした者は、死をもって贖わねばならない。世の娘たちよ、シャロットの乙女の惨めな最期をなぞりたくなければ、決して不服従の罪を犯してはならぬ！

女性にばかり倫理を押しつけた、歪すぎる時代ならいざ知らず、現代の女性たちは必ずやこう言い返すに違いない。狭い場所に閉じ込められ、布を織り続ける毎日をくり返し、孤独に純潔を守って長生きするより、報われるかどうかはわからなくとも恋した相手を追う方がましだ、と。

当然のようにフェミニズム批評は、シャロットの乙女の運命を「家父長制度のもとで家に縛りつけられた女性が、外へ出ただけで死の罰を受ける不当」を弾劾（だんがい）するが、しかしこの絵から伝わってくるのは、道徳だの呪いだの社会の束縛だのといったものよりむしろ、エロスが人に与えるエネルギーの爆発的大きさではないだろうか。一目見た瞬間、「この人だ！」と恋に落ちたことのある人なら誰でも、シャロットの乙女が感じた肌を這（は）う電流は知っていよう。恋する前と後では、世界が全く違ってしまうこと。その断絶は恐ろしいばかりで、以前の自分と今の自分には全く何の関連性もない、それほどの大きな変化が瞬時に起こる、その感覚を。

ドイツ語には「髪が山にまで達する」という言い方があり、「身の毛がよだつ」の意味に近いが、シャロットの乙女の髪は今まさに山にも達する勢いで渦巻いている。呪いがかかったから身の毛がよだっているのではない、エロスが死をも圧倒したことを、自分の身のうちにそれほどの激しさが宿っていたことを、恍惚（こうこつ）と恐怖の渾然（こんぜん）たる中で感じたから、だから髪が逆流したのだ。

怖れの極みは変化である。

さっきまでのたおやかな乙女、聖なる処女、ひたすら家庭的義務をこなしていた女性が、エロスによって激変する。何もかも振り捨て——それこそ命さえも捨てて——別の世界へ、外の世界へ、がむしゃらに一途に駆け出してゆく。結果など考えない。結果を考えるのは計算であり、計算ほど恋のエネルギーに無関係なものはない。彼女にとってはこの瞬間、自分が変わる今この時こそが命の燃える時であり、その先がたとえ破滅であろうと相手からの無視であろうとかまわない。炎のように髪の毛が逆立った今だけが、ほんとうに自分を「生きる時」の「時」なのだ。

そうであれば、男性が女性を閉じ込めたくなる気持ちもまたわからぬではない。恋人が、妻が、母が、娘が、自分の所有物と思い込んでいた相手が、何の前触れもなく突如、不気味に髪ふり乱し、見知らぬ者に変身するかもしれない。丹念に築き上げた家庭を壊し、丹念に織り上げた布をばらばらにし、丹念に磨き上げた鏡も割って、後ろも振り返らず、何の未練もなく、ほかの男のところへ、ほかの世界へ、憑かれたように飛び出してゆくかもしれない。しかも何が彼女をその行動へ駆り立てるのか、さっぱりわからない。そんな恐怖。それを男性は潜在的に抱えているのだろう。

この絵に怖れをなすのは、だからもっぱら男性ではないか。変化の象徴として髪がのたうち、男には理解不能の神懸かった言動に走り、もはや手に負えなくなった女性への怖れを……。

ウィリアム・ホルマン・ハント（一八二七〜一九一〇）は、ジョン・ミレイやガブリエル・ロセッティらとともに「ラファエル前派」を創立したことで知られる。当時のアカデミックな美術界でラファエロ（イタリア・ルネサンスの巨匠）ばかりが賞讃(しょうさん)されることに異議を申し立て、ラファエロ以前の壁画を新しい自分たちの芸術の拠(よ)りどころとしたのである。

けっきょくこのグループは短期間で解消されてしまうが、ハントだけは生涯、最初の志を貫いた。道徳的メッセージを絵に込め続けたのも根がまじめだからだが、ミレイらに比べて評価が今ひとつなのは逆にそれが一因かもしれない。

作品20

ベックリン

# 『死の島』

*1880年　油彩　111 × 155cm*
バーゼル美術館

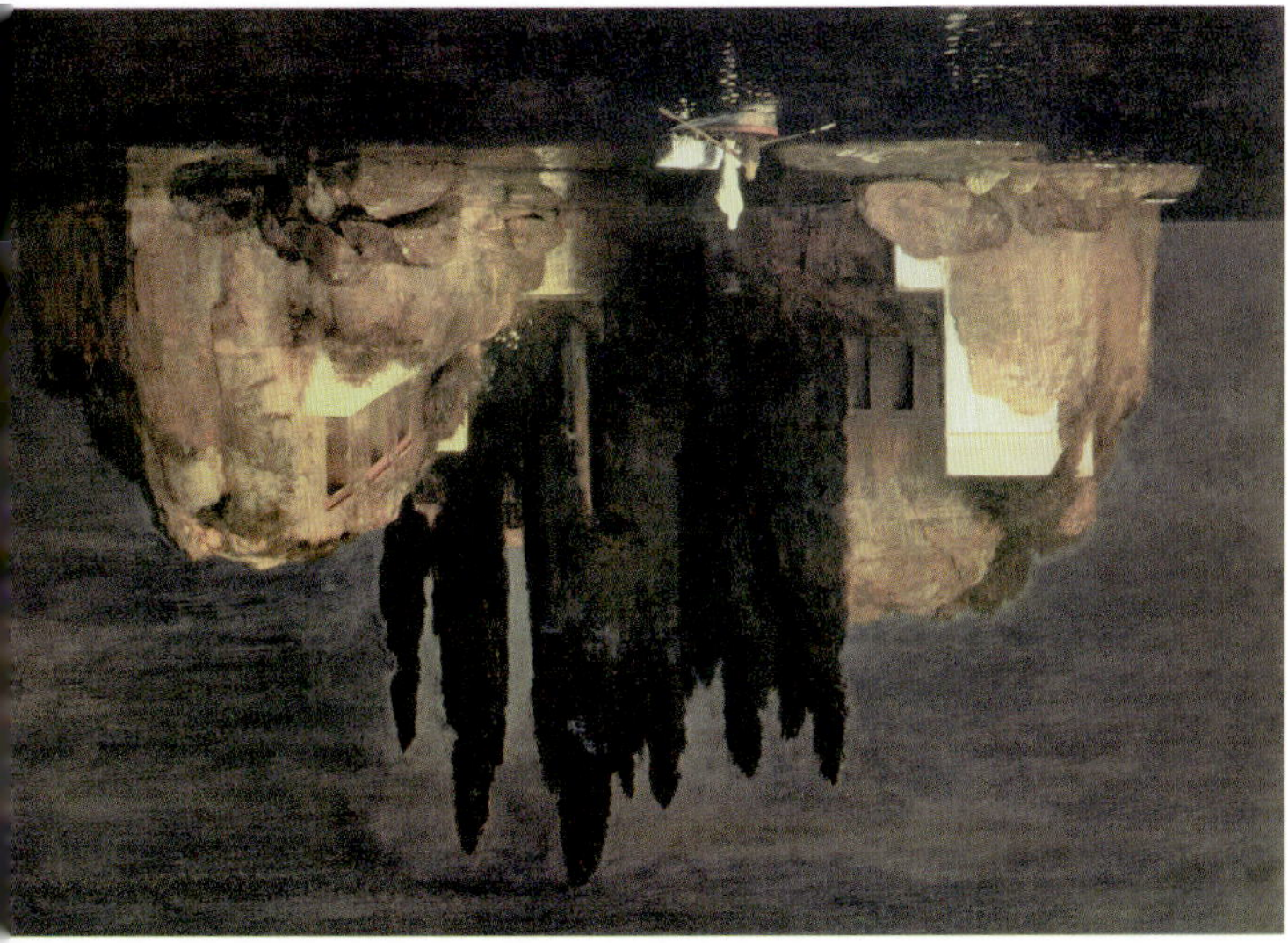

不安をはらむ群青色の空の下、さざ波ひとつない海は粘つくように黒く、どこまでも深い。

波の音は聞こえず、潮の匂いも風も感じられず、あるはずのない月光に照らされた寥々たる孤独と幻想の風景。

水面からは、ごつごつ赤茶けた岩島が立ち上がり、その懐には不気味な糸杉が何本も高くそびえている。

糸杉は死の樹だ。黄泉の国の支配者プルトンに捧げられ、不慮の死を司る女神アルテミス（ディアナ）の聖樹でもある。太陽神アポロンは、誤って自分の鹿を弓で殺した少年キュパリッソスを、永劫に歎き続けることができるようにと糸杉へ変身させた。またこの木は神々の彫像や棺の材料として用いられ、しばしば古代神殿跡や墓地に植えられる。

バロック時代の詩人ホーベルクはこう詠った、「糸杉は、死の定めに抗うごとく／試練に耐え、長命を保つ。／神の御心に従い、死を準備する者は／思慮深く小舟を操り、真の命を得る」。

その小舟——死者を来世へ導く象徴——も描かれている。上縁を赤く塗った小舟は、舳先に棺を載せ、島の真っ黒な口を目指して滑るように進む。棺の前に静かに立つ白装束姿が男か女か、そもそも生者なのか死者なのか、人間か死神か、それさえわからない。古代風の衣装からして死を祀る祭司にも思えるし、「死者は自分で歩いて棺に入る」との伝説に沿っていると主張する評論家が正しければ、これを死出の装いをした死者と考えることもできよう。

謎めいているのは、後ろ向きに座る漕ぎ手（ふつうオールを漕ぐときは逆向きのはずだが）も同じだ。黄泉の国の渡し守カロンなのか、それともこれこそが「真の命を得る」ため「小舟を操る」死者なのか、手がかりはどこにもない。棺の中に遺体はあるのかないのか、小舟に乗っているのは誰なのか、全ては鑑賞者の想像に委ねられている。

だが目の前の島、この島全体が墓場だということは――たとえ『死の島』というタイトルが、画家本人の付けたものではないにしても――確かであろう。糸杉、棺、小舟、白装束、そして岸壁に穿たれたいくつもの人工的横穴、即ち埋葬所。さまざまな死のモチーフを散りばめたこの絵は、陰鬱な死の気配に満ち、人が生から死へ向かうときの気分とでもいうべきものを濃厚に伝える。キューブラー・ロスの唱えた死の五段階、「否認」、「怒り」、「取引」、「抑鬱」、「受容」のうちの、「抑鬱」から「受容」へ至る最終段階なのかもしれない。

風景のリアルな描写と神秘的雰囲気が絶妙に融合したこの作品は、無意識や夢、記憶、といった領域と深く結びつき、強烈なイメージを喚起して、一度見たら忘れがたい不思議な魅力を放つ。世界との間に距離を感じる人間にしか、表現しえないであろう……。

これを描いたとき、アルノルト・ベックリン（一八二七〜一九〇一）は五十三歳の、アル中気味の貧しい画家だった。

彼はスイスのバーゼル生まれだが、ドイツで絵を学び、南国イタリアに憧れ、ヨーロッパ各地を落ち着きなく彷徨った。印象派全盛の時代であり、半獣神だの人魚だのといった彼のゲルマン色濃い幻想的な作品は俗悪とされ、一部のファンにしか認められていなかった。個展が超満員となり、人気画家になるのは、『死の島』が成功した後である。

筆を執ったのはフィレンツェでだった。若くして未亡人となった注文主からの、「夫の喪に服し、夢想するための絵がほしい」との要望に応えたのだ。描き進めながらベックリンは、これが自分の代表作になると予感したに違いない。同じものをふたつ同時進行で制作し、あとから仕上げた小型版を渡して、「この絵でなら夢想できるでしょう」と手紙を書いている。彼女は気に入り、『夢想するための絵』と呼んだ。したがって今のタイトルは、後に画商によって付けられたものである（もともとベックリンは自作にタイトルを付けないのが常だった）。

本書に掲げたのは一番最初の完成品で、現在バーゼル美術館に所蔵されている。ベックリンは何年かおきに同作に取り組み、けっきょく全部で五ヴァージョンも描き上げた。絵によって島の大きさや空模様などが微妙に異なり、後年になるほどだんだん説明的になった。ただ、最終ヴァージョンのライプツィヒ版は、小舟が門のすぐ手前まで来て、白装束の人物が島に向かって頭を下げている。他の美術館のを見た後これに接すると、一瞬、舟が動いたかと錯覚し、ハッとさせられる。

それにしても「夢想のための」絵を依頼され、この世のものとも思えぬ墓場の絵を提供して苦情を言われるどころか相手を喜ばせたのは、やはりベックリンの力、絵の力というものであろう。それは間違いない。けれどもうひとつ、墓地に対するイメージの時代的転換、それがなければ受容は難しかったはずだ。

十八世紀までの墓場というのは、幽霊の跋扈(ばっこ)する物凄(ものすさ)まじい場所で、何よりひどく不潔だった。土葬には十分な深さを掘る必要があるのに、それを怠ることが多かったし、貧民墓地などは一穴に五人くらい投げ込むわけで、その人数になるまで穴は開けっぱなし、申し訳程度に石灰をぱらぱら上に撒(ま)くだけで、土をきちんとかぶせていなかった。

第一、棺にさえ収まっておらず頭陀袋(ずだぶくろ)入りだったから、そこここで蛆虫(うじむし)が這(は)い出し、猛烈な腐敗臭が発するのも当然だ。解剖用の死体泥棒もいたし、有名人の墓荒しもいた（ハイドンの頭蓋骨(ずがいこつ)も盗まれ、長らく行方不明になった）。有毒ガスが発散されているとの理由で、満杯の墓地はよく閉鎖された。墓地と隣接する教会での礼拝中、異臭が漂ってきて閉口したとの記録も数多く残っている。

墓地というものがそんな状態のままだったら、『死の島』は別の意味で空恐ろしい作品と感じられただろう。しかし十九世紀の幕開けと相前後して、薄暗く不潔だった墓地は明るくきれいな霊園へと変貌(へんぼう)する。ヨーロッパ近代共同墓地の誕生だ。そこでは庭園のように計算された植樹がプロムナードを作り、壮麗な墓碑(ぼひ)や彫像が建てられ、装飾的な建築物が並び、火葬も増え、死者はようやく安息でき、訪れる生者にとっても長居のできる場となった。死の恐怖の一端が消えたのだ。

この絵が当時の人々に広く受け入れられた背景には、このように「死が清潔になった」という事実があることを忘れてはなるまい。

とはいえ、死の島である。しかも孤独の極みの孤島だ。死してなおこのような場所へ運ばれるかと思うと、たまらなくなる。これでは生という不条理を終えたあと、今度は死という別の不条理の中へ連れてゆかれるだけの気がする。美術館でたまに鑑賞するならまだしも、朝夕自宅で目にすることになれば、生命力を吸い取られてしまうのではないか。

ところが『死の島』は、いっとき多くの家庭の居間を飾っていたのだった。世紀末から二十世紀前半のドイツ語圏で、この絵は異常なまでの人気を博し、大量の複製や銅版画(これを見たラフマニノフがインスパイアされ、交響詩を作ったのは有名)として出まわり、良き市民たちの心を休めるべき居間の壁に落ち着いた。それぞれの町や村の、それぞれの家の、それぞれの部屋に、必ずこの絵が掛かっているという光景には、どこかしら病的なものが感じられる。それほど当時の人々は疎外感を共有していたのだろうし、それほど美しい死が憧れられたのであろう。社会全体が曰く言いがたい不安に覆われていたともいえる。

挫折した画家だったヒトラーもまた、みんなと同じくこの絵を自分の執務室に飾っていた。彼はベックリン・ファンで、購入したり徴収したり略奪したりして、ベックリンの作品を十一点も集めていた。ゆくゆくはリンツにナチ美術館を建設し、その目玉としてフェルメールとベックリンを飾るつもりだったらしい。

もちろんヒトラーが所有していたのは複製ではなく、三作目の原画（現ベルリン版）だった。一九四〇年、独ソ不可侵条約締結に尽力したソ連のモロトフがヒトラーを訪れ、ふたりで写真におさまったのだが、その背後の壁に『死の島』が飾ってあるのが確認されている。何という皮肉だろう。この条約は破られる運命にあり、数年後にはドイツ人とロシア人は、互いの国土を血染めの「死の島」にしてしまう……。

『死の島』は、シュルレアリスムの画家たちにも多大な影響を及ぼした。そして今なお人気は衰えていない。

この絵の核が、小舟でも白装束でもなく、ひたすら島の造型にあると思い知らせてくれるのが、ギーガー（あの戦慄のＳＦ映画『エイリアン』を生んだ美術家）による現代的解釈、いわば「新・死の島」とでも呼ぶべき作品（タイトルは『ベックリンへのオマージュ』）である。

こちらを見ると、ベックリンのオリジナルがいかにロマンティシズムをたたえていたかが、よくわかる。ギーガーの島にそんなものはいっさいない。彼の島は、糸杉を、つまり死そのものを、両腕に抱きかかえ、なおかつ自分は生きて呼吸し、生贄（いけにえ）を呑（の）み込もうとする、得体の知れない異生物だ。怖い。直接的に怖い。さすがにこの絵を居間に飾りたいと思う者はいないだろう。

作品21

## メーヘレン『エマオの晩餐(ばんさん)』

*1936～37*年　油彩　*115 × 117cm*
ロッテルダム、ボイマンス・ヴァン・ベウニンゲン美術館

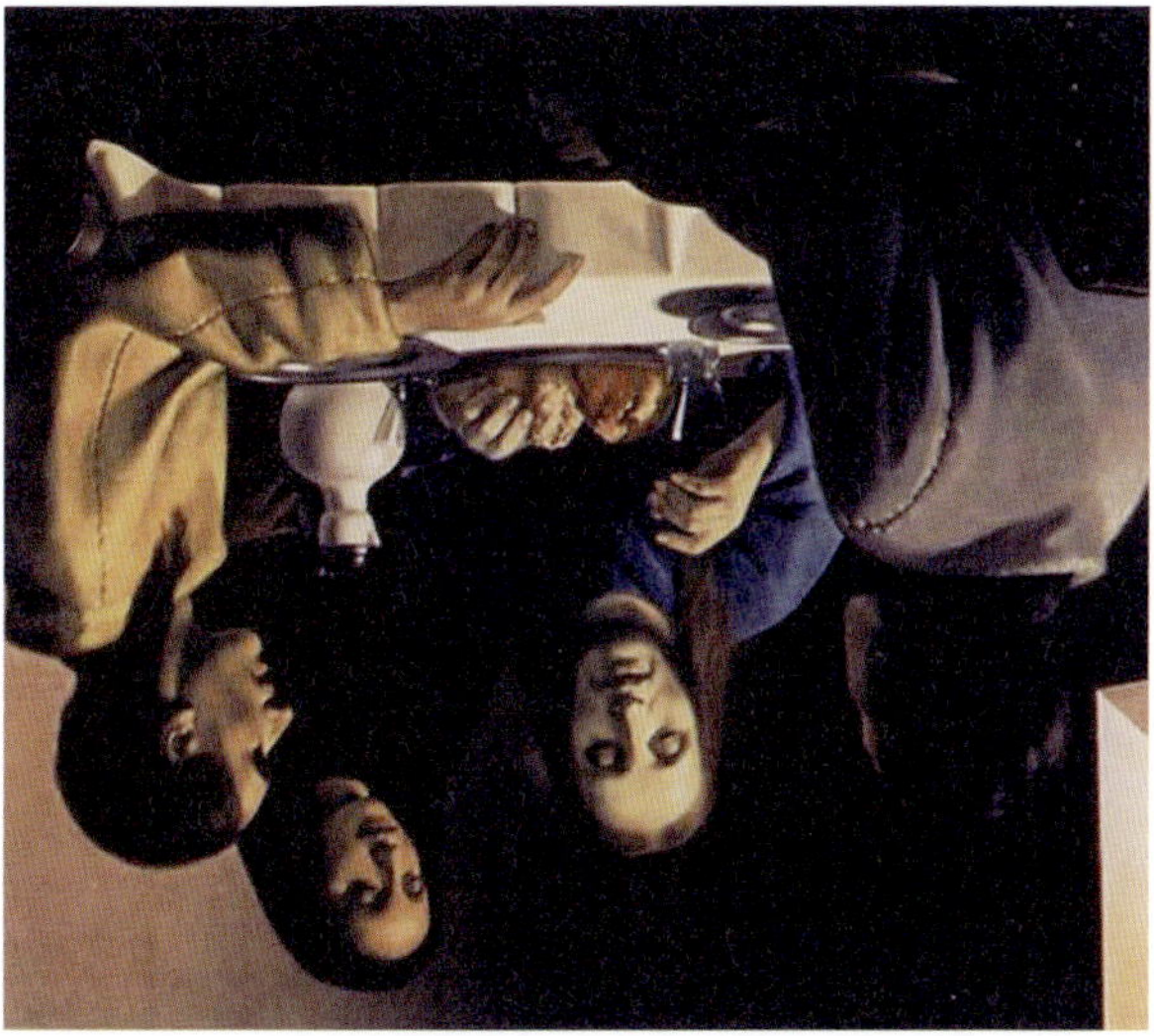

新約聖書の「ルカ福音書」によれば、イエスの復活は次のようなものだった。

十字架による処刑の三日後、マグダラのマリアたちが香油を持って墓へ行くと、石が動かされていた。そこで中へ入ってみると、イエスの遺骸(いがい)が消えていた。呆然(ぼうぜん)とする彼女たちの前に「輝く衣をまとった者」(＝天使)があらわれ、「三日後に復活する、との御言葉を忘れたか」と言った。マリアたちは仲間のところへ駆けもどり、これを伝えた。

この不思議について、イエスの弟子ふたりが議論しながらエマオ(エルサレムから十キロほど西北の町)への道をたどっていると、いつのまにか見知らぬ人が同行していた。エマオに着き、三人で食卓を囲む。その人がパンを割いて分けた途端、弟子たちの目が開き、彼こそイエスであることを認識できた。するとイエスは消えてしまう。

この絵は、エマオでの食卓シーンである。狭い画面に四人の人物がひしめく。奇跡を眼前にした驚きの瞬間だ。たった今、弟子たちの目に、青い着衣のイエス・キリストが見えた。悲しげに眼を伏せ、自らの肉であるパンを割る姿。傍らに立つ宿の女中には、だがパンしか見えていない。静かなドラマが進行するなか、パンは光の粒に煌(きら)めいている。まさしくフェルメール風の光の粒に……。

「イエスの顔には、神の子としてこの世で受けねばならなかったあらゆる苦しみが秘められている」「女中の表情がすばらしく、本作のもっとも優れた点」「フェルメールの知られざる傑作と確信」――一九三七年、オランダ美術界の重鎮で、マウリッツィ美術館館長も歴任した、フェルメール研究の第一人者にしてコレクター、アブラハム・ブレツィウス博士がこう絶讃して、本作にフェルメール真筆のお墨付きを与えた。

同時に、レントゲン写真などの科学鑑定も行なわれ、キャンバスも絵の具も十七世紀の物だし、古い絵画特有のひび割れや亀裂には、長い歳月によって積み重なった埃が黒く詰まっているのが確認された。間違いなく、フェルメールの初期宗教作品だ！

ド・フリースをはじめとした著名な研究者たちや、数々の美術雑誌も同調する。『エマオの晩餐』に見られるカラヴァッジョの影響」なる論文まで出た。本作が、同名タイトルのカラヴァッジョ作品と画面構成が似ているからだ。生涯に謎の多いフェルメールだが、これで若いころイタリアで修行していた可能性が強くなった！

二十世紀になって忽然とあらわれたこのフェルメールは、こうしてオランダ美術界の宝とされた。ヨーロッパ美術品を買い漁るアメリカの富豪に持ち去られぬよう、レンブラント協会（ブレツィウス博士が中心になって設立した）の資金援助を得て、ロッテルダムのボイマンス美術館（現ボイマンス・ヴァン・ベウニンゲン美術館）が、当時としては破格の大金五十二万ギルダーで購入。翌一九三八年、当美術館が開催した「一四〇〇年～一八〇〇年／四世紀間の巨匠たち」の目玉作品として、華々しくお披露目され、人々を感動させたのである。

これほど大々的とはいえないものの、他にもその後、陸続と「新発見のフェルメール」が美術市場にあらわれ、七点が画商の手を経てコレクターに渡っていた。あまり話題にならなかったのは、第二次世界大戦勃発のせいだ。誰も絵画鑑賞どころではなくなり、美術館は閉鎖された。

やがてオランダはドイツの軍門に下り、どの戦争においても必ず敗戦国になされる仕打ち、即ち、名画略奪（安く買い叩くのも含む）の憂き目にあう。国宝級の作品だけは、何とか守ろうと必死に隠匿したものの、多くが流出してゆく。中に、新発見のフェルメール作『イエスと姦婦』が、絵画愛好家として知られるナチスのゲーリング元帥の手に落ちた。

一九四五年五月、連合国軍がドイツを追い散らし、オランダにおける戦争は終結。そのわずか三週間後、ひとりの男が逮捕された。アムステルダムの高級住宅地カイゼルス・フラット（皇帝の運河）に優雅に住まう、ハン・ファン・メーヘレンという無名の画家だ。罪状は、国の文化財たる「百万ドルの名画」フェルメールを、持ち主マルヴーケ夫人の代理人として、こともあろうにゲーリングへ仲介した、というもの。重罪だった。

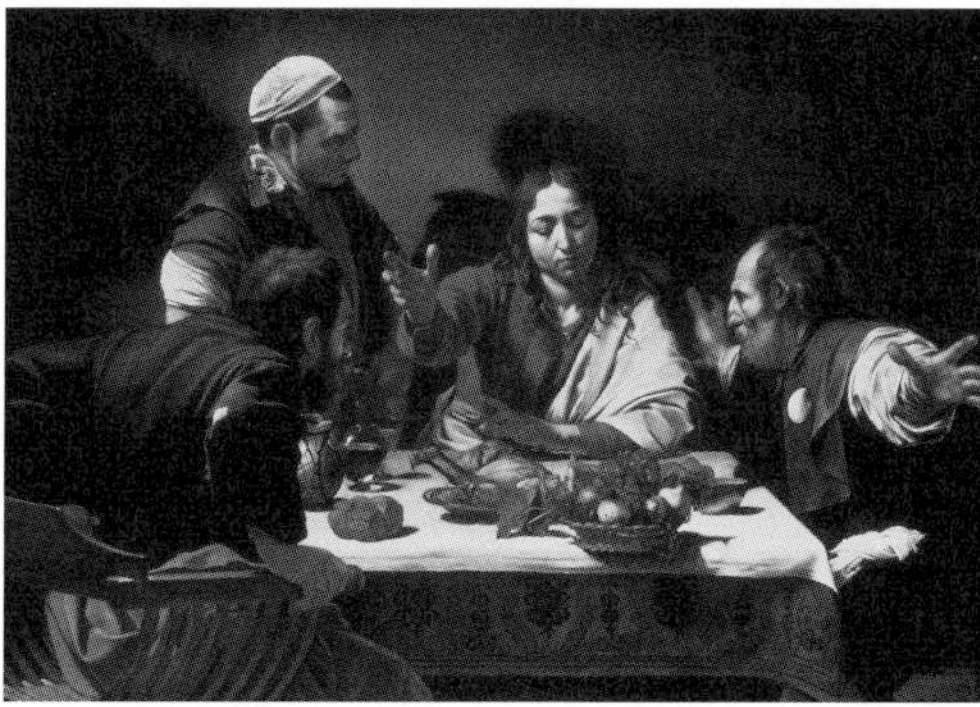

カラヴァッジョ『エマオの晩餐』*1596*年

軍事法廷にあらわれた五十六歳の「敵国協力者」は、白髪混じりのダンディーでハンサム（ちょっとカラヤンを髣髴とさせる）、若いころはさぞやと思われるだけあり、離婚した二度目の妻は派手な女優だった。それにしても売れない画家のはずなのに、億万長者の暮らしをずっと続けてこられたのはどういうからくりか、これ以外にも売国行為をしたからではないのか——そう疑われて当然であろう。

メーヘレンは六週間も否認した後、ついに告白した、しかも仰天ものの告白を！『イエスと姦婦』の所有者マルヴーケ夫人なるものは存在していない、そもそもゲーリングに売ったあの絵はフェルメールではなく、自分が描いた贋作だ。いや、それどころか、ブレッィウス博士が太鼓判を押した『エマオの晩餐』を含む、八点全て、この自分がこの手で描いた。本物の十七世紀のガラクタ絵を仕入れ、表面の絵を削り取り、当時と同じ顔料や絵筆を使ってフェルメール風の絵を描き、オーブンで焙って古さを出し、ローラーで亀裂を起こして、割れ目に墨を注入、長年の埃に見せかけたのだ、と。

そんな戯けた話を誰が信じるか、と最初裁判官たちはまともに取りあわなかった。国家反逆罪より贋作罪のほうがずっと軽いので、刑罰逃れの苦し紛れであろう。だがメーヘレンの告白は留まるところを知らなかった。いろいろな美術館におさまっている、ハルスやデ・ホーホの中にも自分が描いたものがある、贋作は昔から得意だった、だからかくも富豪になったのだ、と。

マスコミからは「売国奴」と厳しいバッシングを受け、アルコールと麻薬で身体も蝕まれ、彼にはもはや怖いものはない。ついには、実際にこの場で今フェルメールを描いてみせてもいい、とまで言う。

かくして前代未聞の、拘置所での作画による証明が、専門家たちから成る調査委員会や裁判官たちの面前で行なわれ、その様子は写真にも撮られた。まるでスターのように、意気揚々とキャンバスへ向かうメーヘレン。腹をくくり、ここまできたからには自分のテクニックで皆をあっと言わせてやる、その顔は明らかにそう語っている。

狙いどおり、彼は居並ぶ者の息を呑ませた。キャンバスに描き出されてゆくそれは、フェルメール真作の模写と違い、メーヘレン独自の構図と主題をもった、つまり『エマオの晩餐』と全く同じ手法で描かれた、彼オリジナルの「フェルメール風新作」だった。登場人物はどれも、フェルメールならぬメーヘレンお気に入りの顔、つまり少女漫画のようにやたらめったら目玉の大きい、しかも眼窩の深く落ちくぼんだ特徴を持っている。ひとりならともかく、画面上の皆がそんな目をしているのは甚だ異様だし、完成した『神殿のイエス』は、メーヘレンの贋作中かなり出来の悪い部類に入るが、それでも彼がフェルメールの偽造者である根拠としては十分以上だった。

メーヘレンは売国奴から一転、まんまとナチスに偽物を摑ませた「英雄」として、一部から喝采を浴びることになる。判決も贋作罪で禁固一年、実際にはこれまでの収監期間を差し引いて、わずか四ヵ月ですむ（心臓発作で急死するが）。

ブレッィウス博士はこの結果をどう受けとめたか？　彼のような大物鑑定家がフェルメール真筆と請合ったからこその顚末なのだから、何らかの責任を取るべきではないのか？しかし博士はすでにこの世の人ではなかった。

もちろん博士ひとりのせいにはできない。大御所の一言で右へ倣えする専門家集団というものがあり、それを無批判に受け入れるジャーナリズムがあり、さらにはお偉い人間の言うことなら何でも盲信する買い手や大勢の鑑賞者がいて、贋作ビジネスは成り立っている。今でも問題点が解決されていないのは、美術界の閉鎖性を見ればわかる。ごく狭い研究対象を自分のテリトリーとして抱え込み、他分野からの研究者に対しては不法侵入でもあるかのように騒ぎたてて排除する。小さなテリトリーが乱立し、必然的にその道の権威者も乱立して、互いに批判しあわない。マスコミはこの分野ならこの人と決め（たぶんめんどうがないからだろう）、その話題が出るたびその「権威者」が担ぎ出され、同じ解説ばかりが一般に流されるので、本人が死ぬまで異論は聞こえてこない。

学者は真理を求めて研究一筋の純粋な人間、との思い込みもそろそろ捨てた方がいい。一握りをのぞいて学者もまた、人並みの（むしろそれ以上の）自己顕示欲と功名心に囚われている。でなければ、こうもマスコミ受けする新説が出続けるはずがない。とはいえ有名画家の隠された名画発見、というのは近年少なくなり（メーヘレン事件以来、リスクの大きさに怖気をふるっているのではないか）、逆に、どこどこ美術館のあの絵は贋作だ、といった発表は増えた。作品が有名であればあるほど耳目をそばだて、自分の名を売り、その絵を絶賛していたライヴァルを蹴落とせる。魑魅魍魎の世界なのだ。

レンブラントの『黄金の兜の男』、ゴヤの『巨人』、ブリューゲルの『イカロスの墜落の風景』……今やどれも真筆ではないことになっている。しかしこれらは弟子や工房作で、かつてはそれらをひっくるめて本人作と言ったものだし、真筆でないから価値が落ちる作品とはとうてい思えない。この分では、『モナリザ』もレオナルドではない、と言われるのではないかと思えば、実はすでにもうそう主張する者がいる。それによれば、以前ルーヴルから盗まれて、取りもどしたとき、偽物と入れ替わっていた由。

『エマオの晩餐』へ話をもどそう。

贋作とわかった後で贋作の証明をするほど容易なことはないと思うが、批評家は口をそろえて言うのだった。フェルメール特有の光の粒がパンにしか見られないし、女性の衣服に全く陰影がなく、遠近法が不完全、射光のコントラストが強すぎ、画面右の弟子の袖の描写が稚拙なため腕があるとは見えない、こんな愚作をなぜフェルメールと見誤ったか、が、フェルメールが精魂傾けた微妙繊細な陰影の美が信じ難い。

そうかもしれない。何よりここには、フェルメールが精魂傾けた微妙繊細な陰影の美が足りない、それだけは言える。ただしかし、大芸術家とてヘボ作品を産むことはある。とりわけ多作家——ルーベンスやティツィアーノやピカソなど——には、どうしてこれが？と思うほど下手なのも混じっているではないか。もちろんそんな絵でさえ必ずキラリと光る部分はあって、そこで救われたりもする。ブレッィウス博士の肩を持つわけではないが、彼もおそらく『エマオの晩餐』の女中の静謐な表情に、そうした光った部分を見て、目を眩まされたのだろう。

本作は現在もボイマンス・ヴァン・ベウニンゲン美術館に、メーヘレンの名前とともに飾られている。さすがに今ではもうフェルメールと言い張る者はいないが（かつてはメーヘレンの告白を頑として信じない者も少なくなかった）、フェルメールと見誤る程度には優れた絵として（ヘボ画家でも渾身の一作が描ける好例として）、また苦い教訓を忘れないためにも、倉庫に匿さないで展示するという選択がとられたのだ。

この絵を前にすると、恐ろしい問いかけがなされているのを感じる。果たして我々は絵それ自体を見ているのか、それとも有名画家の名前に納得しているだけなのか……。

ハン・ファン・メーヘレン（一八八九〜一九四七）は、デルフト工科大建築学科の学生のときロッテルダム賞を取り画家となるが、けっきょく芽が出ず、贋作に手を染めるようになった。『エマオの晩餐』は明らかに力を込めて描いたものだが、次第に粗雑になり、人物の表情も下品になってゆき、彼の堕落の軌跡を見るがごときである。

作品22

ピカソ

# 『泣く女』

*1937年　油彩　61 × 50cm*

テート・ギャラリー

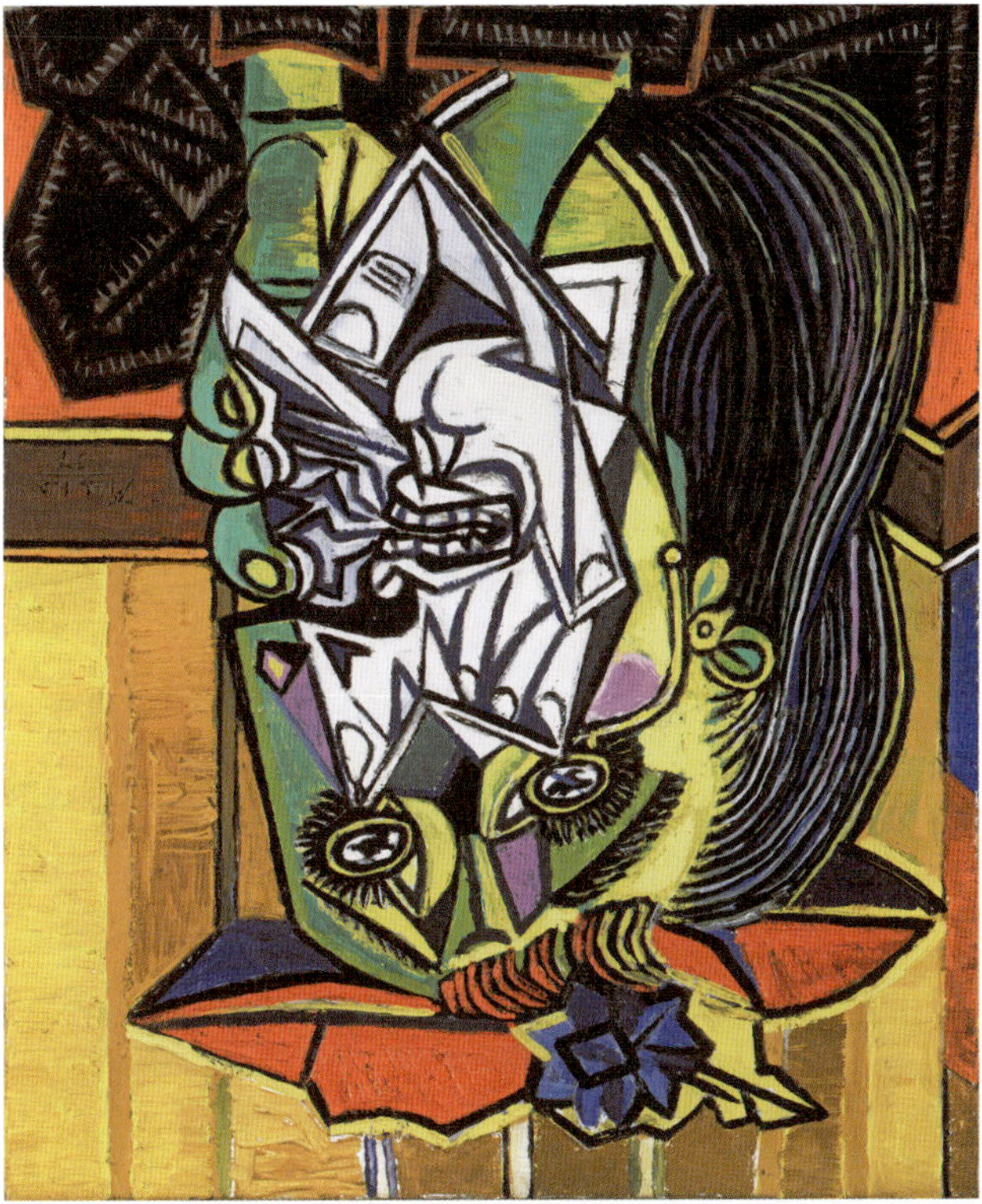

これは凄い！

迫力の泣き顔。

「身も世も無さ」とはどんなものかが、どぎつい色彩とぐいぐいしたタッチで示される。キュビズム（立体をいったん分解し、さまざまな角度から再構築する描法）の苦手な鑑賞者でも、泣き叫んだり怒り狂ったりという激情をあらわすのに、この手法が実に有効でしかもわかりやすいと納得するだろう。

派手な赤と青の帽子をかぶり、髪をきれいに梳かしつけた大人の女性が、幼児のように泣いている。恥も外聞もなく、ひたすら泣くことに没頭している。いかなる悲しみが、彼女の顔をここまで破壊したのか。彼女の胸を引き裂いた何かが、その眉間までも縦に割って両眼の位置を大きくずらしたかのようだ。彼女が感じた怒りや苦しみや嘆きが、顔の色を千変万化させたかのようだ。緑は嫉妬、黄は鬱、紫は病気の色として選ばれたのだろうか？　わからない。ピカソは誰にも通じる象徴を用いなかった。けれど何であれ、これらの色が健康な心身をあらわすのに使われる例は稀だろう。

すばらしく効果的なのは、冷え冷えと蒼みを帯びた白。血の気の失せた顔色であると同時にハンカチをかぶせた色なので、その下になった手や唇、歯まで全て蒼白く退色する。これで顔の下半分の動きが表現されるのだ。ハンカチをくしゃくしゃにしていかにも悔しげに歯で嚙んだり、涙をぬぐうため手を添えて広げたり。そしてそのときの白い手首は、唇の痙攣的な動きにつれて歪む顎にも見立てられている。ハンカチはやわらかなところか、端が両眼に鋭く突き刺さり、おかげで悲しみにも増して痛みを感じさせられるし、涙滂沱の印象がいっそう強められる。涙の一滴一滴はまた白い爪や黄色い爪でもあり、頰を伝う涙の跡は涙腺であり白い指でもある。

横顔のはずの鼻のこちら側に、ヒラメみたいにふたつの眼が寄っている。現実にはありえないこうした描写法を、我々はすでに見慣れているため――それほど現代は多様な表現にあふれている――驚きはしない。ペンキ塗りたてのごとき顔にも、奇妙な形の耳にも、潤んだ眼をスプーンがすくっていてさえ、もはやびっくりすることはないが、しかしそうした個々のものが絶妙に組み合わさってこの偉大なる泣き顔へ結実したとき、つくづく感心してしまう、「手放しで泣くとは、まさにこういうことだな」と。

モデルはドラ・マール。当時ピカソの愛人だった。

マン・レイによる彼女の写真が今に残っており、知的で個性の強い神経質そうな美人だ。ほっそりした繊細な指に（『泣く女』で描かれた太い男性的な指とは全く違う）長いトランペット型シガレットホルダーをはさんで煙草をくゆらす姿など、粋なパリジェンヌそのものといった雰囲気である。実際にはユーゴスラビア人（母親はフランス人）で、父親の仕事の関係からアルゼンチンで育ったため、ピカソの母国語スペイン語に堪能（たんのう）だった。二十歳ころパリへ出て、マン・レイの影響を受け写真家になり、いっとき著名な作家ジョルジュ・バタイユの愛人でもあった。ピカソと知り合ったのはこの絵の描かれる前年、二十九歳のときで、彼の方は五十五歳だった。

ピカソの女性関係は伝説的である。何しろ女性は彼にとってインスピレーションの源なので、必要なときは相手が有頂天になるほど崇（あが）め、不要になればボロ雑巾（ぞうきん）のごとく捨てるだけ。みごとに誰ひとり幸せにしてやらなかった。ドラと知り合った時期が一番混乱をきわめており、まず三十七歳のとき結婚した貴族の血をひくロシア人ダンサー、オルガがいた（息子ひとり）。この正妻とは別居していたが交流はあり、財産分与を嫌って彼の方が離婚に応じなかった。だというのに四十五歳で十七歳のマリー＝テレーズを町で見かけ、「マドモワゼル、あなたは興味深いお顔をしていらっしゃる。肖像画を描かせてください。わたしはピカソです」と傲慢（ごうまん）にくどき（ビッグネームの芸術家にしかできない誘い方だ）、実質的な妻として家を与え、子どもまで産ませた。そこへドラが新しい愛人として横入りしたというわけだ。

ついでながら、ドラとつきあっている最中の六十二歳でもう二十二歳の画学生フランソワーズ・ジローと同居を始め、またもふたり子どもを作っている。フランソワーズがその子たちを連れて出て行っても、精力のあり余るピカソはすぐさま新しい若い愛人ジャクリーヌ（四十五歳も年下！）を見つけ、正妻オルガの死去に伴い、七十九歳で彼女と再婚して九十一という長命で大往生する。晩年ははるか年下の妻を母親代わりに甘えきっていたらしいから、男性にとっての理想型といえるかもしれない。彼の死後、ジャクリーヌもマリー＝テレーズも自殺している。

こんなふうで、古い愛人と新しい愛人は糊代のように一時期必ず重なりあったから、揉めるなと言っても無理だろう。ドラの立場からいえば、愛の前半には正妻と第二の妻がライヴァルだったし、愛の後半にはその上さらに別の強力なライヴァルが出現し、けっきょく愛人の座から蹴落とされてしまった。著名人の相手になるというのは、全世界から羨望の眼差しを浴びることを意味するが、その代わりいったん別れれば「捨てられた女」のレッテルを貼られ、それこそ一生恥をさらさねばならない（オナシスに捨てられたマリア・カラスのように）。辛いことだ。

この『泣く女』が制作されたのは、大作『ゲルニカ』完成直後である。スペインのフランコ将軍と組んだナチ爆撃機が、バスク地方の無防備な古都ゲルニカを壊滅させた非道を糾弾するため、ピカソは反戦画に取り組んだのだが、制作過程をつぶさに写真におさめたのは言うまでもなくドラであった。たまたまそのときアトリエにマリー＝テレーズがやって来たからたまらない。ふたりの女は互いに罵り合い、ついには『ゲルニカ』の前で壮絶なつかみ合いの喧嘩となった。嘘かほんとか、「俺がほしければここで戦え！」とピカソがけしかけたからといわれている。

これでは誰だって泣かずにいられまい。


とはいえ一九三六年からの六、七年間が「ドラの時代」だったのは確かで、彼女をモデルに夥しい数の肖像画が生み出された。抽象ではなく具象によるスケッチでは、頬骨の高い端正な彼女の横顔や夢みるような眼差しが、いかにも愛情込めて描かれている。

ピカソにとってドラは、お高くとまった貴族趣味のオルガとも、若い肉体だけが魅力のマリー＝テレーズとも全く違う刺激的なタイプだった。過剰な激しすぎる感情を持て余し、我と我が身を削る危うさを持つドラは「よく泣いた」（ピカソの言）。着飾った美しい女が顔を崩して泣くのだから、まるで顔が突然割れてそこから別の顔が出てきたような驚きを、さすがのピカソも感じたのだろう。『泣く女』シリーズを制作したくなったのもわかる気がする。

シリーズ中の最高峰がこの作品だ。わんわん泣く女への感嘆が伝わってくる。あまりに思いきり泣くので、哀れを誘うというよりその泣きっぷりに惚れ惚れしている。身悶えなどせず、何か顔だけで泣いている感じだ。ドラは捨てられることを予感して泣いているのだろうか。本人にとっては途方もない苦悩かもしれないが、どこか自分の悲しみに淫している気配もある。さんざん泣いた後は存外けろっとしそうでもある。ピカソ自身よく泣く殺されたから、泣くことの浄化作用をよく知っていたに違いない。『ゲルニカ』では、殺された我が子をかき抱いて吠えるように全身で泣く母を描いたが、彼はそこに涙は加えなかった。加えないことで、真の悲痛を表現したのである。

芸術家は怖い。蜘蛛が餌食の体液を全て吸い尽くすように、他人の喜怒哀楽、全ての感情を吸い取って自分の糧にしようとする。

いわゆる「藤十郎の恋」といわれるものがある。元禄時代を代表する実在の歌舞伎役者、坂田藤十郎の芸談エピソードだが、これを小説化した菊池寛によれば――

藤十郎は「傾城買い」、つまり遊女との色恋を演じて一世を風靡したが、あるとき人妻との道ならぬ恋を描いた狂言を演じることになった。現代とは違って見つかれば死罪だから、まさに命がけの真剣な恋の道行きであり、藤十郎にとっても未経験だった。どんなふうに演出すればリアリティが出るか、悩みに悩んだ末、とうとう知人の女房に恋を仕掛けることにする。

「以前から思っておりました。どうか一度でいいからお情けを」と、美形の人気役者から突然言い寄られた人妻は、驚き、うろたえ、しかしついに覚悟を決め、隠せぬ喜びに震えながら行灯の火を吹き消すのだが、その刹那、藤十郎は黙って立ち去ってしまう。彼女はわけがわからず懊悩するが、数日後、藤十郎の新作歌舞伎を見に行ってやっと謎が解ける。

舞台の上で、藤十郎の巧みな誘いに操られるまま、驚き、うろたえ、しかしついに覚悟を決め、隠せぬ喜びに震えながら行灯の火を吹き消す人妻の、一挙手一投足、言葉のひとつひとつまでが、まさにあのときの自分の姿そのものだった！　藤十郎は芸のため自分の心を利用しただけで、恋はおろか、わずかも欲情してはいなかったのだ。女として、これほどの屈辱があろうか。

彼女は首を吊って自殺する……。

どこまでが事実かは定かでない。おそらくあまりに藤十郎の演出が冴えわたり、女形とのやりとりが真に迫っていたための、単なる噂にすぎないのだろう。しかし芸のためならそこまでやりかねない「表現者の業」ともいうべきもの、そしてその犠牲となる者の悲哀を、誰もが何となく感じられたからこその逸話だともいえる。

ピカソがドラの泣き顔を見つめた眼と、藤十郎が人妻の慄きを見つめた眼とは似ていたはずだ。性格が違い、国が違い、時代が違っても、芸術のためなら人を踏みにじってたじろがない心の有り様は同じだからだ。

紛れもないサディストであったピカソにとって、ドラを泣かせるのは簡単だったし、ドラもまた都合よく泣いてくれる女ではあった。彼女があられもない泣き顔をさらすとき、ピカソの動かない眼は羽をちぎられてもがく蝶をじっと観察するように眺めていただろう。そんなシーンを思うと怖い。

ピカソが面白いと感じる間、ドラは彼にとって必要だった。だがこれまでの女たちと同じく、やがてピカソは彼女にも飽きる。ドラはさらに泣いたであろう。女は愛を取りもどせると思って泣くが、涙は愛のある間しか効き目はない。ましてドラの泣き顔は見尽くしたし描き尽くした。蜘蛛が干からびた獲物の残骸(ざんがい)を網からぽいと投げ捨てるように、ピカソはドラを吸い尽くして捨て去った。

ピカソの残酷さがいかんなく発揮された『泣く女』は、だが傑作となり、ドラの名前も美術史に永遠に残された。

パブロ・ピカソ（一八八一～一九七三）は二十世紀を代表する芸術家であり、めまぐるしく作風を変えていったにもかかわらず（いや、だからこそ）生前も死後も一貫して世界的名声と人気を保ち続けた。つい二〇〇六年にも『ドラ・マールと黒猫』がオークションにかかり、百八億円という高額で落札された。

膨大な作品量、数えきれない女性関係なども含め、ピカソという名前自体がすでに一種のブランドなのだが、彼のフルネームを知るとまた驚く人が多いはずだ。まるで「寿限無(じゅげむ)、寿限無、五劫(ごこう)の擦り切れ……」のように長い――「パブロ・ディエゴ・ホセ・フランシスコ・デ・パウラ・ホアン・ネポムセノ・マリア・デ・ロス・レメディオス・クリスピーン・クリスピーノ・デ・ラ・サンティシマ・トリニダート・ルイス・イ・ピカソ」――！

# 解説——目玉を洗う

小池昌代

わたしは絵が好きだが、観るのが速い（恥ずかしい）。展覧会へ行っても、さささーっと、ごきぶりのように一巡し、気に入った絵があれば、改めて戻り、じっくり観る、ということをする。

友人と一緒に行った場合は、必ずはぐれるから、最初に、ばらばらに観ようと提案する。ただ、途中で、逆流してきたわたしと、彼あるいは彼女が、ばったり出会うこともある。そういうときは、ちょっと恥ずかしい。

あ、また会っちゃったね。

そういう気まずさもある。でもそれだけではない。絵を観るということは、極めて個人的な経験なのだ。

お互い、ただ、絵を観ているにすぎないのに、それぞれ、絵に、何か、絵以上のものを読み取っている。それが表情に（きっと）表れているので、素顔を観られたように恥ずかしいのかもしれない。

そう、素顔。絵に対面するそのとき、人の心は真裸になる。絵を前にして、何を飾りたてる必要があろうか。真裸と真裸の心が、展覧会をめぐる。その経験を机上で差し出してくれるのが、中野京子さんの「怖い絵」シリーズである。

これから、この本の魅力について、語ることになるが、あまりに好きな本というのは、語りにくい。わたしはこのシリーズが大好きで、全巻を手元にいつも置いていた。仕事に行き詰まると（いつもそうだが）、手にとって、ところどころを拾い読みする。絵を眺めているだけで想像力が刺激され、心が解放されていく喜びを感じた。

中野京子さんの文体が、わたしはたぶん好きなのである。これを書いている今、その文章の波長が、この文章に乗り移ってくるようだ。

著者の文章の特徴は、むしろ、言葉で書かれていないところにある（とわたしは思っている）。一見、論理的で無駄のない、理知的な文章だが、そしてその通りだとも思うのだが、意外にも長い波長を持っていて、人の心の奥深く、ひたひたと押し寄せ、しみとおる。

知識を書いても押し付けがましくなく、洗練されていて知的である。内容はけっこう重たいのに、ぐいぐい読み進めていくことができるのは、怖さの解答を容易に出さず、奥へ奥へと、ひたすら読者を誘うからだ。そのリズムは、まさに展覧会場を歩くテンポ。耳をすませば会場をめぐる、他者の靴音までもが聞こえてくるようだ。

怖い絵があるのではない。著者の文章が怖さを創造するのだと、かつてわたしは書評で書いた。今もまったく同じことを思う。
読んでいると、やがてわたしは、根本的な一つの疑問につきあたる。

なぜ、絵画を言葉で語ることが、こんなに魅惑的なのだろう。

前提となるのは、とりあげられている絵画が、汲めども汲めども、尽きることのない井戸のように、すぐれたものであるということだ。

著者の言葉は絵の周りをめぐるが、絵の秘密が、それで摩滅するということはない。絵の神秘は、彼女の言葉によって、ますます遠のき、輝きを増す。

ここにあるのは、ほら、あなたも、こんなふうに絵を語ってみて、という促しであり誘惑である。読者は彼女が、無心に情熱をもって絵を語る仕草を、読んでいるうちに模倣する。そしてその体勢のまま、絵をもう一度、見直すことになるのである。そして自分でも、絵を語ってみたくなる。これらの名画のなかには、まだまだ、しまわれている言葉がある。著者の文章がそう思わせてくれるのだ。

本書のなかで、わたしがもっとも惹かれ、もっとも衝撃を受けたのは、ベックリンの「死の島」をめぐる一章だ。この一章が入っていることによって、『怖い絵　泣く女篇』は、わたしにとって、特別な一冊になった。

この絵をわたしは、かつてどこかで観ていたような気がする。でも、わからない。ここにある文章によって、それまで観ていたかもしれない経験が漂白されてしまったから。何も観ていなかった、というところまで。

文字通り、目からうろこがはがれ落ちたのである。

わたしは著者が、この絵について、何を書いたのかを、逐一覚えているわけではない。どの章にも、たくさんの得難い情報がちりばめられていて、わたしなどは、読んだだけでぐんと絵の知識がついたように錯覚するのだが、そういうものは残念ながら、年月とともに、はがれ落ちてしまう。

だが最後まで残り続けるものがある。知識ではない。言葉でない。それは絵に向から「まなざし」である。この「まなざし」への信頼は、本書を読んでいるあいだ、揺らぐことはなかった。

『海市』などで知られる作家の福永武彦は、かつて『死の島』という同名の長編小説を書いた。ベックリンの名前こそ出てこないが、福永はあの絵から、多大な影響を受けたものと思われる。

「しのしま」という音には「ひろしま」が重ねられている。わたしは今ここに、「ふくしま」をも重ねたい思いにかられる。

「死の島」は、島全体が墓であり、そこへ黄泉（よみ）の国の渡し守、カロンらしきこぎ手が、小舟に乗ってやってくる。彼は上陸しない。島に向かって、不安定な小舟の上、まっすぐ、後ろ向きに立つだけである。白い装束には光があたって、神々しいばかりに輝いている。

「夫の喪に服し、夢想するための絵がほしい」という未亡人の望みに応えて描かれたものだというが、未亡人ではないわたしも、この絵が欲しい。観ているだけで、心鎮まる。わたしの心のどこかには、死者に向き合いたいという気持ちがあるのだろうか。観ていると、絵の構図全体が、丸ごと心に迫ってくるのである。

それにしても、絵を語る言葉が、すでに物語の様相を帯びてしまうのはなぜだろう。絵がすでに、一つのキャンバスのなかに収まり、世界を提示しているのだから、それを語る文章が、一つの輪郭を取り始めるのは、必然的なことなのだろうか。

言葉が絵のなかのかけらとなって、わたしたちの想像力のなかで、一枚の絵に仕上がっていく。その驚き、その喜び。その過程は、そこにないものに、一つ一つ言葉をあてはめていくことで、空間を表出し、場所をうみ出し、そこに人間を立たせていく、小説を書く過程と、まったくもって同じである。

語るうちに、文章は絵のなかの悪魔にそそのかされ、絵を語りながら、実は絵を語る以上のことを語ってしまう。わたしたちの無意識に働きかける、何か特別なものやことを。わたしたちは、自分自身をよく知らないように、自分が何を、絵から汲み出すのかを知らない。だからこそ何度でも、絵に新しく向き合うことができる。

怖い、というキーワードをシリーズ全体に通したのは、著者の卓抜な直感によるものだろう。

大人になるに従って、一応は経験が増えると、人生から、一つ一つ怖いものがなくなっていくような気がするが、実際は、どうだろう。わたしなどは、人間が怖い。ますます怖いが、それを見てみたいという欲望もある。これほど、人間の芯(しん)のところに響いてくる感情はない。生きること、それ自体が、怖いのだから。

人生の先は見えない。すべては目の前に、一回限り開けてくる現実を、わたしたちは生きていく。ふるえるようなことではないか。

怖いという感情を思い出すとき、わたしの体は幼児になっている。親と別れる恐怖、痛い思いをする恐怖、何かを失うことの恐怖。

幼年時代、どれほどたくさんの恐怖に取り囲まれていたことか。世界に対して、あれほどふるえ、ふるえることが、すなわちそのまま生きることであった時代。感受性は全開となって、わたしたちはむきだしの感覚器だった。

だからこそ、怖いというのは懐かしさにも通じる。人間存在の臍(へそ)に通じる。

さあ、もう一度、絵を観よう。さあ、もう一度、子供だったころの目で、世界にふるえ、おののこう。

# 参考文献


Beckett, Wendy: 1000 Masterpieces, 1999

Bruford, Walter: Die gesellschaftlichen Grundlagen der Goethezeit, 1975

Burn, Barbara: Masterpieces of the Metropolitan Museum of Art, 1993

Capretti, Elena: Botticelli, 1998

Cumming, Robert: Annotated Art, 1995

Hagen, Rose-Marie&Rainer: Meisterwerke im Detail, 2000

Luna, Juan J: Der Prado, 1998

Perez-Jofre, Teresa: Highlights of Art, 2001

Schneider, Norbert: Portraetmalerei,1992

Sembdner, Helmut: Heinrich von Kleists Lebensspuren, 1977

Serullaz, Maurice: Velazquez, 1981

ウィットコウアー、ルドルフ他『数奇な芸術家たち』中森義宗・清水忠訳、岩崎美術社、1969年

キバロバー、ルドミラ他『絵による服飾百科事典』丹野郁他訳、岩崎美術社、1973年

クラーク、ケネス『絵画の見かた』高階秀爾訳、白水社、1977年

クラーク、ケネス『ザ・ヌード』高階秀爾・佐々木英也訳、美術出版社、1988年

ダリ、サルバドール『ミレー《晩鐘》の悲劇的神話』鈴木雅雄訳、人文書院、2003年

トゥアン、イーフー『恐怖の博物誌』金利光訳、工作舎、1991年

ド・フリース、アト『イメージ・シンボル事典』山下主一郎主幹、大修館書店、1984年

ヌーランド、シャーウィン・B『レオナルド・ダ・ヴィンチ』菱川英一訳、岩波書店、2003年

パノフスキー、エルヴィン『イコノロジー研究』浅野徹訳、美術出版社、1971年

ビーダーマン、ハンス『図説 世界シンボル事典』藤代幸一他訳、八坂書房、2000年

フーコー、ミシェル『狂気の歴史』田村俶訳、新潮社、1975年

ホール、ジェイムズ『西洋美術解読事典』高階秀爾監修、河出書房新社、1988年

ロード、ジェームス『ピカソと恋人ドラ』野中邦子訳、平凡社、1999年

ロビダ、アルベール『絵で見るパリモードの歴史』北澤真木訳、講談社学術文庫、2007年

井上正蔵他『ドイツ・ロマン派集』筑摩世界文学大系26、筑摩書房、1974年

小松左京・高階秀爾『絵の言葉』講談社、1976年

高階秀爾『名画を見る眼』岩波書店、1969年

高階秀爾『ルネッサンス夜話―近代の黎明に生きた人びと』平凡社、1979年

立川昭二『生と死の美術館』岩波書店、2003年

堀田善衛『美しきもの見し人は』朝日新聞社、1995年

森洋子編著『ブリューゲル全作品』中央公論社、1988年

本書は二〇〇八年四月、朝日出版社より刊行された単行本『怖い絵2』に加筆訂正し、新たに二作を書き加えて文庫化したものです。

本文デザイン／國枝達也（角川書店装丁室）

# 怖い絵
## 泣く女篇

中野京子

平成23年 7月25日　初版発行
平成27年 5月20日　10版発行

発行者●郡司 聡

発行●株式会社KADOKAWA
〒102-8177　東京都千代田区富士見2-13-3
電話 03-3238-8521（カスタマーサポート）
http://www.kadokawa.co.jp/

角川文庫 16931

印刷所●株式会社暁印刷　製本所●本間製本株式会社

表紙画●和田三造


ISBN978-4-04-394002-8　C0195